Published in the United States of America.

Descubre el español con Santillana
Student Book Level C
ISBN-13: 978-1-61605-601-8

Editorial Staff
Contributing Writer: Patricia Acosta
Content Editor: Andrea Sánchez
Proofreader: Claudia Baca
Editorial Director: Mario Castro
Design Manager:
Mónica R. Candelas Torres
Head Designer: Francisco Flores
Design and Layout: Josué Daniel Flores,
Salvador Hernández Espinosa
Image and Photo Research Editor:
Mónica Delgado de Patrucco
Cover Design and Layout: Studio Montage

Santillana USA Publishing Company, Inc.
2023 NW 84th Avenue, Doral, FL 33122

Printed by Worzalla Publishing Co.

20 19 18 17   2 3 4 5 6 7 8 9 10

Acknowledgments
Illustrations: Marcela Gómez *"A corazón abierto"*
Photographs: p. 41: © EFE NEWS; p. 46: © Eitan Simanor / Age Fotostock; p. 47: © Roberto Contini / Age Fotostock; p. 48: © Carolina Iglesias Saavedra, © Santillana Bolivia, © Richard Adamson; p.49: © Gerad Coles; © Santillana Bolivia; © Richard Adamson; © Carolina Iglesias Saavedra; p. 50: © Carolina Iglesias Saavedra; © Santillana Bolivia; p. 51: © Santillana Bolivia; p. 52: © Santillana Bolivia, © Richard Adamson; p. 54 © Adalberto Ríos Szalay / Age Fotostock; p. 62: © Ana Cecilia Gonzales Vigil; p. 63: © Santillana Bolivia; © Lino Chipana / Archivo Diario El Comercio; p. 64: © Christian Handl / Age Fotostock; p. 66: © EFE NEWS, © Martin Alipaz / EFE NEWS, © Mario Casaverde / Santillana USA, © Santillana Bolivia; p. 67: © Xavier Conesa, © EFE NEWS, © Santillana Bolivia; p. 68: © Lino Chipana / Archivo Diario El Comercio, © Salvador Elez Calvo, © Ana Cecilia Gonzales Vigil, © David Mercado / Reuters; p. 70: © Marco Simoni / Age Fotostock; p. 80: © Mario Casaverde / Santillana USA; p. 82: © Mario Casaverde / Santillana USA; p. 85: © Gregory Byerline / Age Fotostock; p. 86: © Jerry Koontz / Age Fotostock; p. 88: © Mario Casaverde / Santillana USA; p. 94: © Martin Barraud / Age Fotostock; © Noam Armonn / Shutterstock; © Paul Bradbury / Age Fotostock; p. 96: © José Enrique Molina / Age Fotostock; p. 114: © Glenn Bartley / Age Fotostock; p. 122: © Heinz Plenge; p. 130: © Juan Silva / Age Fotostock; p. 138: © Gerald Nowak / Age Fotostock; p. 143: © Heinz Tschanz-Hofmann / Age Fotostock; p.148: © Alvaro Hurtado Molero; p. 156: © Alvaro Hurtado Molero; p. 164: © Alvaro Hurtado Molero; p. 172: © Alexandre Trajan / Age Fotostock; p. 183: © Marcelo Torterolo; p. 182: © Marcelo Torterolo; p. 198: © Marcelo Torterolo; p. 216: © Luis Matos; p. 218: © Ajay Bhaskar / Shutterstock; p. 235: © Luis Matos; p. 236: © Luis Matos; p. 250: © William Torres; p. 258: © Carolina Iglesias Saavedra; p. 260: © Mariano Bazo / Reuters, © Pilar Olivares / Reuters, © Carolina Iglesias Saavedra; p. 261: © Reuters, © Jorge Silva / Reuters; p. 266: © Stefano Paterna / Age Fotostock; p. 268: © Stefano Paterna / Age Fotostock; p. 269: © Jeff Greenberg / Age Fotostock; p. 271: © Stefano Paterna / Age Fotostock; p. 274: © William Torres.

Descubre el español con Santillana

C

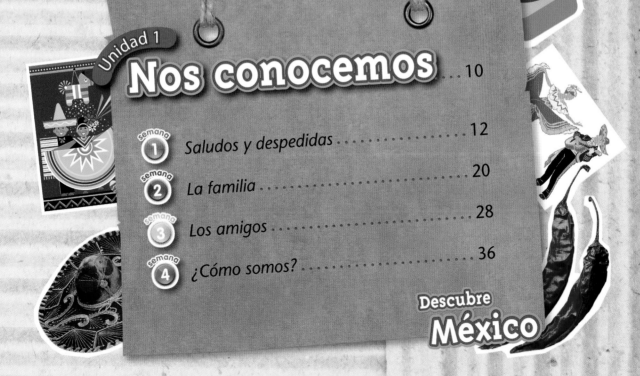

Descubre
México

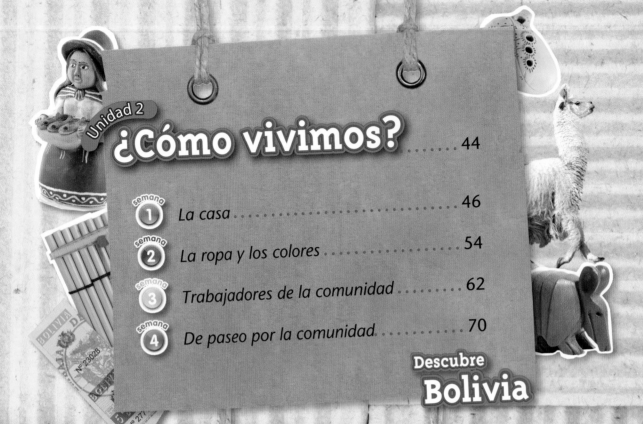

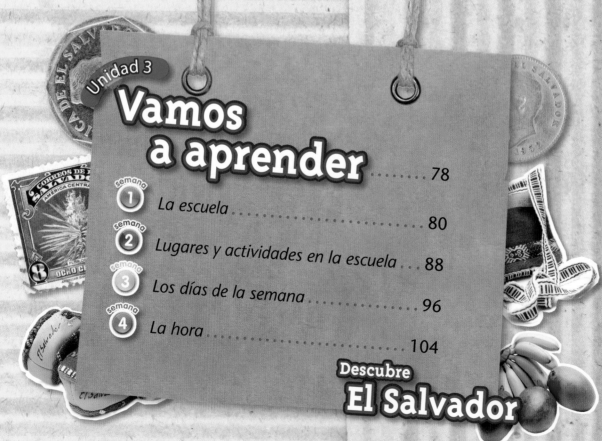

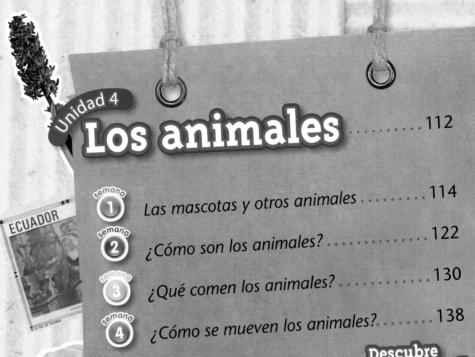

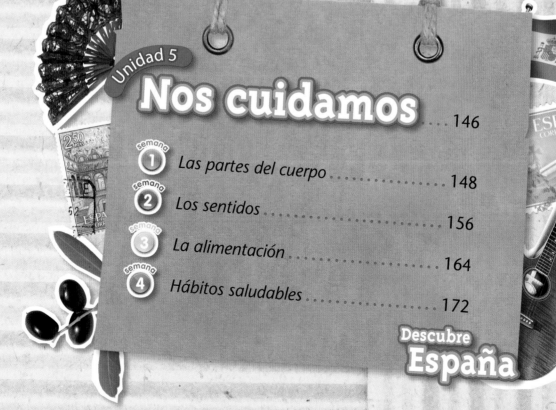

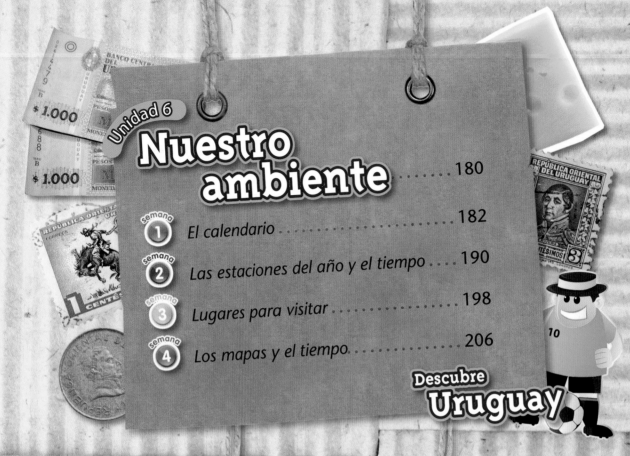

Descubre
Guatemala

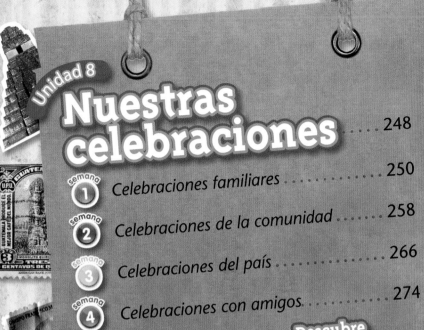

Conoce a Anna y a Charlie

Anna y Charlie visitan diferentes países.

Ellos descubren cosas nuevas en cada país.

El Yunque, Puerto Rico

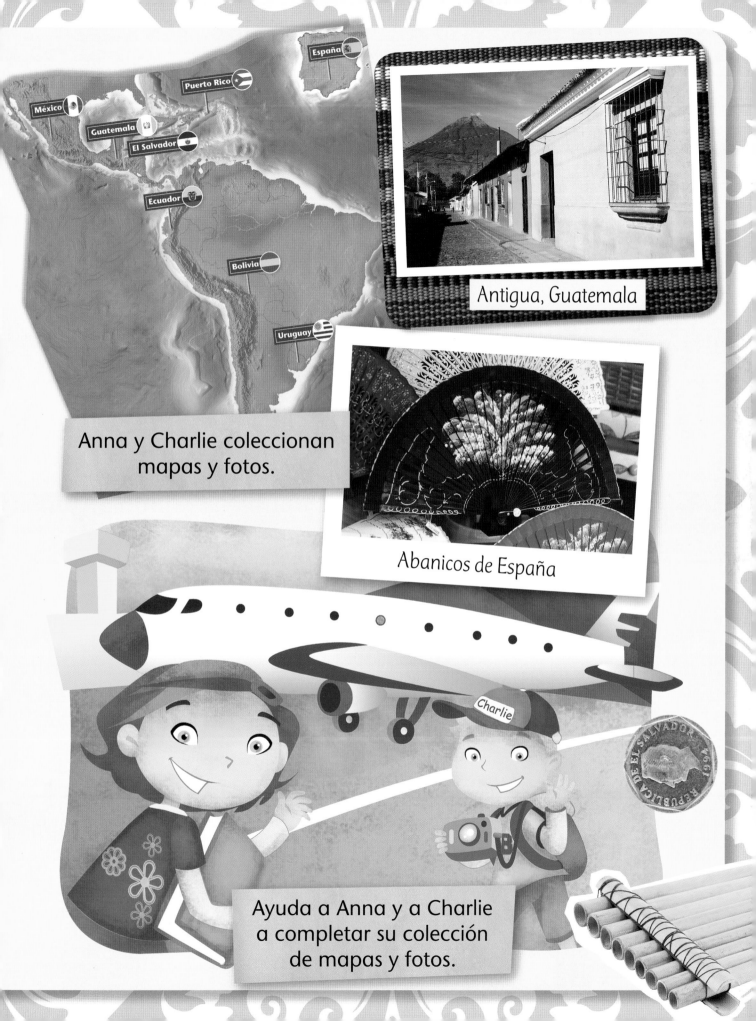

España

Puerto Rico

México

Guatemala

El Salvador

Ecuador

Bolivia

Uruguay

Antigua, Guatemala

Anna y Charlie coleccionan mapas y fotos.

Abanicos de España

Charlie

Ayuda a Anna y a Charlie a completar su colección de mapas y fotos.

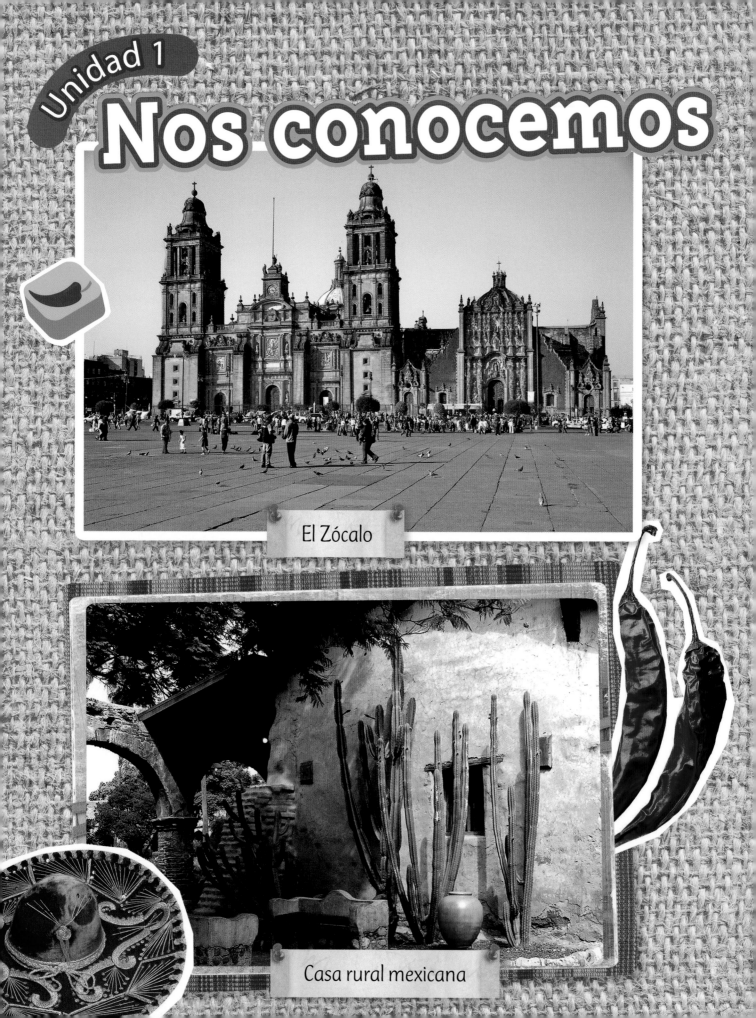

Unidad 1

Nos conocemos

El Zócalo

Casa rural mexicana

Voy a aprender sobre...

- los saludos y despedidas.
- la familia.
- los amigos.
- cómo somos.

Parque de Chapultepec

Playa de Cancún

Descubre
México

Culturas

Saludos y despedidas

¡Buenos días!
Yo soy Charlie.

¡Hola!
Yo soy Anna.

Yo soy Tomás.

Comunicación

El Zócalo

Yo soy Anna.

Yo soy Tomás.

Yo soy Charlie.

▶ Conversa.

Yo soy...

Las pirámides

Buenos días. Yo soy Pilar.

¡Hola! Yo soy Anna.

Yo soy Tomás.

Pirámide de Chichén Itzá

¡Gracias por visitar las pirámides!

Adiós, Pilar.

Hasta luego.

A. Escucha y repite.

| Hola | niña | niño | pirámide |

B. Completa.

1. ¡ _____ ! Yo soy Tomás.

2. Anna visita la _____ .

3. Yo soy Tomás. Yo soy un _____ .

4. Yo soy Anna. Yo soy una _____ .

C. Conversa.

- Imagina que visitas México.

  1. Saluda a Pilar.
  2. Saluda a Tomás.

¿Qué recuerdas?

A. Ordena.

1. Adiós.

2.

3. Hola.

B. ¿Cierto o falso?

1. Yo soy Tomás.

2. ¡Hola!

3. Adiós.

4. Buenos días.

Hola y adiós

A. Escucha y repite.

B. Conversa.

Saludos	Despedidas
¡Hola!	Adiós.
¿Qué tal?	Hasta luego.
¿Cómo estás?	Nos vemos.

Buenos días, buenas tardes, buenas noches

A. Escucha y repite.

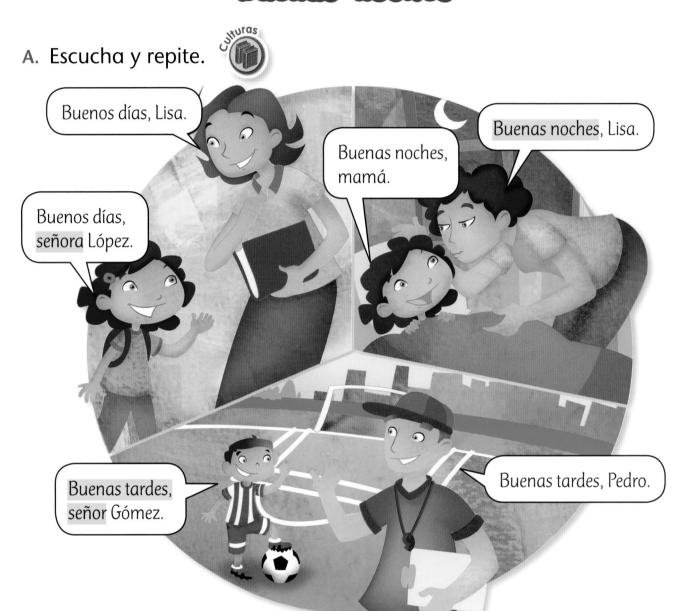

Buenos días, Lisa.

Buenas noches, mamá.

Buenas noches, Lisa.

Buenos días, señora López.

Buenas tardes, señor Gómez.

Buenas tardes, Pedro.

B. Conversa.

Buenos días	señor
Buenas tardes	señora
Buenas noches	

Repasa

- los saludos y las despedidas

Aplica

1. Saluda a un niño.
2. Saluda a una niña.
3. Despídete de la señora López.

¡Hola!
Yo soy Janet.

¡A escribir!

Comunicación

Tema: Mi familia

PLANIFICA   ESCRIBE   REVISA   PRESENTA

La familia

¡Hola!

Comunicación

Comunidades

Hola, hermana.

Hola, hermano.

Hola, abuelo. ¿Cómo estás?

Hola, abuela.

Hola, papá.

Muy buenos días, mamá. ♫

Hola, mamá.

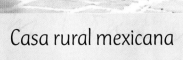

Casa rural mexicana

▶ Saluda a tu familia.

Hola...

21

Mi fiesta de cumpleaños

¡Hola! Yo soy Tomás.

Mi familia prepara mi fiesta de cumpleaños.

Mi mamá y mi papá preparan los tacos.

Mi abuela y mi abuelo preparan el pastel.

Mi hermana y mi hermano preparan la piñata.

A. Escucha y repite.

abuela

familia

hermano

papá

B. Completa.

1. La mamá y el _____ preparan los tacos.

2. La _____ y el abuelo preparan el pastel.

3. La hermana y el _____ preparan la piñata.

4. La _____ prepara una fiesta
   de cumpleaños.

C. Conversa.

- Imagina que preparas una fiesta de cumpleaños.

  Yo preparo...

  Mi familia prepara...

Las vocales

A. Escucha y repite.

•	a e i o u	•

abuela

abeja

elefante

estrella

iguana

imán

oso

ojo

uvas

unicornio

B. Escoge la palabra con...

1. la *a.*

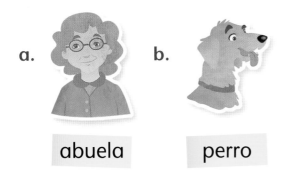

a. abuela   b. perro

2. la *i.*

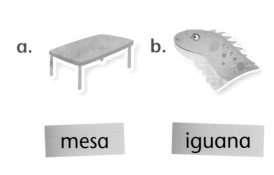

a. mesa   b. iguana

3. la *u.*

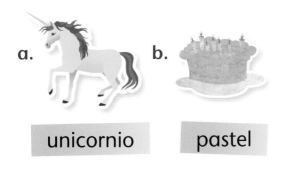

a. unicornio   b. pastel

4. la *o.*

a. oso   b. mamá

5. la *e.*

a. papá   b. estrella

C. Escucha y completa.

1.   nicornio

2.   buela

3.   so

4.   guana

5.   strella

El árbol familiar

A. Escucha e identifica.

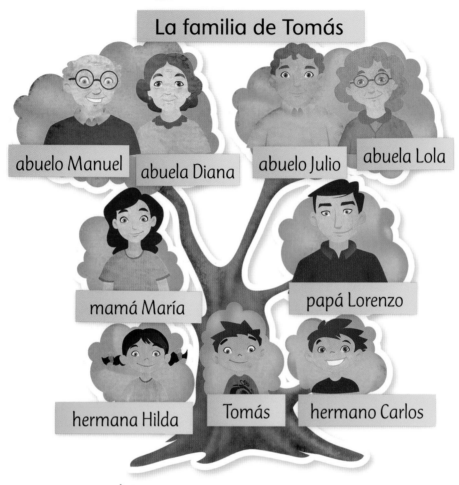

La familia de Tomás

abuelo Manuel

abuela Diana

abuelo Julio

abuela Lola

mamá María

papá Lorenzo

hermana Hilda

Tomás

hermano Carlos

B. Completa y lee.

| mamá | papá | abuelo | hermana |

1. Mi _____ es María.

2. Mi _____ es Lorenzo.

3. Mi _____ es Hilda.

4. Mi _____ es Manuel.

Yo soy Tomás.

Repasa

- la familia
- las vocales

Aplica

1. Saluda a un niño.
2. Presenta a tu familia.
3. Di palabras con las vocales *a, e, i, o, u*.

¡Hola! Yo soy Susan.
Mi mamá es Kathy.
Mi papá es...

¡A escribir!

Tema: Mi familia

Comunicación

PLANIFICA

ESCRIBE

REVISA

PRESENTA

Los amigos

Mi amigo se llama Tomás.
Mi hermana se llama Anna.
El parque de Chapultepec
visitaremos mañana.

Mi amigo se llama Charlie.

Parque de Chapultepec

▷ Conversa.

Mi amigo se llama...

Mi amiga se llama...

29

¿Cómo te llamas?

A. Escucha y repite.

amigo Cómo parque hermana

B. Completa.

1. ¿_____ te llamas?

2. Mi _____ se llama Charlie.

3. Mi _____ se llama Hilda.

4. Hilda y Tomás visitan el _____.

C. Conversa con un amigo o una amiga.

• ¿Cómo te llamas?

  Yo me llamo...

¿Cómo te llamas?   Yo me llamo Bea.

Al conocernos

A. Lee.

B. Escoge.

1. a.   Cómo te llamas.   b.   ¿Cómo te llamas?

2. a.   Yo me llamo Lupe.   b.   ¿Yo me llamo Lupe?

3. a.   Mucho gusto.   b.   ¿Mucho gusto?

C. Lee.

Yo soy Hilda.

Yo me llamo Juan.

Hilda es hermana de Tomás.

D. Completa.

1. ____ harlie es mi hermano.

2. ____ o me llamo Lupe.

3. ____ ucho gusto, Lupe.

E. Lee.

1. ¿Qué tal?

2. ¿Cómo te llamas?

3. Ella es tu hermana.

F. Completa y conversa.

1. ____ Cómo te llamas?

2. Yo me llamo Raquel

3. ¿Y tú

4. Yo me llamo Alex

¿Similar o diferente?

A. Escucha y compara.

1.

2.

3.

4.

5.

6.

7.

8.

B. Escoge y compara.

1.   a. ¿Cómo te llamas?   b. Cómo te llamas?

2.   a. Yo me llamo María   b. Yo me llamo María.

3.   a. Mucho gusto, María.   b. Mucho gusto, María?

Repasa

- los amigos

Aplica

▶ Imagina que conoces a un amigo.

1. Saluda a tu amigo.
2. Conversa.
   - ¿Cómo te llamas?
   - Yo me llamo...
   - Mucho gusto...
3. Despídete de tu amigo.

Hola.
¿Cómo te llamas?

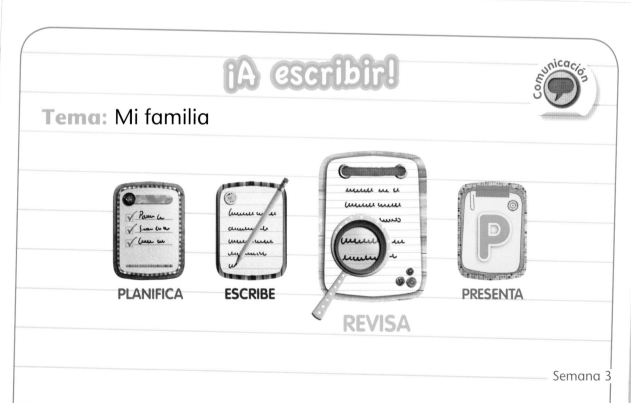

¡A escribir!

Comunicación

Tema: Mi familia

PLANIFICA   ESCRIBE   REVISA   PRESENTA

¿Cómo somos?

Cancún es divertido.

La playa es hermosa.

Los amigos son buenos.

La comida es sabrosa.

Comunicación

Cancún es hermoso.

Playa de Cancún

▶ Conversa.

• Imagina que visitas Cancún.

Cancún es...

37

Un correo electrónico

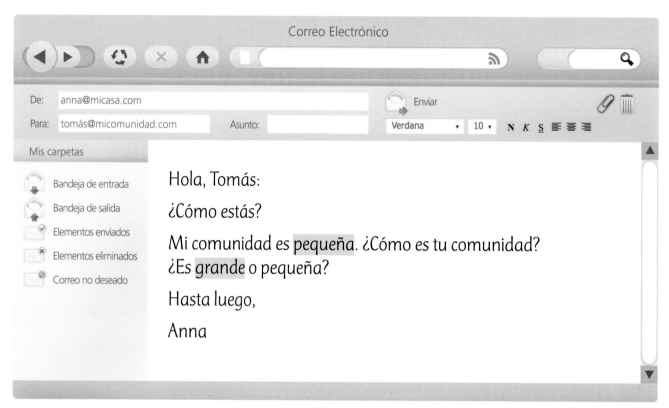

Correo Electrónico

De: anna@micasa.com

Para: tomás@micomunidad.com   Asunto:

Enviar

Verdana ▾ 10 ▾ N K S

Mis carpetas

- Bandeja de entrada
- Bandeja de salida
- Elementos enviados
- Elementos eliminados
- Correo no deseado

Hola, Tomás:

¿Cómo estás?

Mi comunidad es pequeña. ¿Cómo es tu comunidad?
¿Es grande o pequeña?

Hasta luego,

Anna

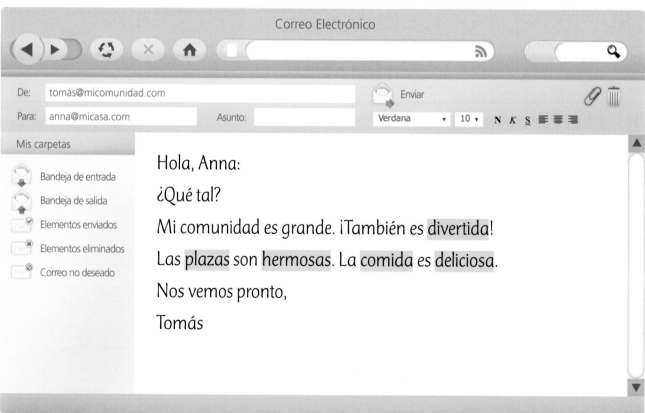

Correo Electrónico

De: tomás@micomunidad.com

Para: anna@micasa.com   Asunto:

Enviar

Verdana ▾ 10 ▾ N K S

Mis carpetas

- Bandeja de entrada
- Bandeja de salida
- Elementos enviados
- Elementos eliminados
- Correo no deseado

Hola, Anna:

¿Qué tal?

Mi comunidad es grande. ¡También es divertida!

Las plazas son hermosas. La comida es deliciosa.

Nos vemos pronto,

Tomás

A. Escucha y repite.

grande   deliciosa   pequeña   hermosa

B. Completa.

1. La comunidad de Tomás es _____ .

2. La comida en México es _____ .

3. La plaza es _____ .

4. La comunidad de Anna es _____ .

La comunidad de Tomás es grande.

C. Conversa.

1. ¿Cómo es la comunidad de Tomás?

   La comunidad de Tomás es...

2. ¿Cómo es tu comunidad?

   Mi comunidad es...

Somos amigos

A. Escucha y repite.

Yo soy Paco.

Tú eres mi amiga.

Mario es mi papá.

La señora López es mi maestra.

Carmen y Juan son mis amigos.

Carmen, Juan y yo somos estudiantes.

B. Escoge.

1. Yo (soy / somos) tu amigo.

2. Marcos (es / eres) mi papá.

3. Tú (soy / eres) mi hermana.

4. Lupe y Carlos (es / son) mis amigos.

5. Mis amigos y yo (son / somos) estudiantes.

6. Claudia (es / eres) mi amiga.

C. Escucha y repite.

Yo soy mexicano.

Tú eres hermosa.

Julio es tímido.

Lucy es inteligente.

Mis amigos son buenos.

Los niños somos curiosos.

La feria es divertida.

Los dulces son deliciosos.

D. Une y conversa.

Yo soy	hermosa.
Tú eres	bueno.
La niña es	inteligente.
Mis amigos son	deliciosa.
Nosotros somos	divertidas.
La comida es	tímidos.
Las ferias son	curiosos.

¡Así son!

A. Lee.

De: hilda@elparque.com **Enviar**

Para: anna@micasa.com **Asunto:** Verdana 10 N K S

Mis carpetas

Bandeja de entrada
Bandeja de salida
Elementos enviados
Elementos eliminados
Correo no deseado

Hola Anna,

Yo soy Hilda. Mi mamá es María. Mi mamá es inteligente. Mi papá es Lorenzo. Mi papá es bueno.

Mis amigos son Carmen y Juan. Mis amigos son divertidos.

Adiós,

Hilda

B. Escoge. Lee en voz alta.

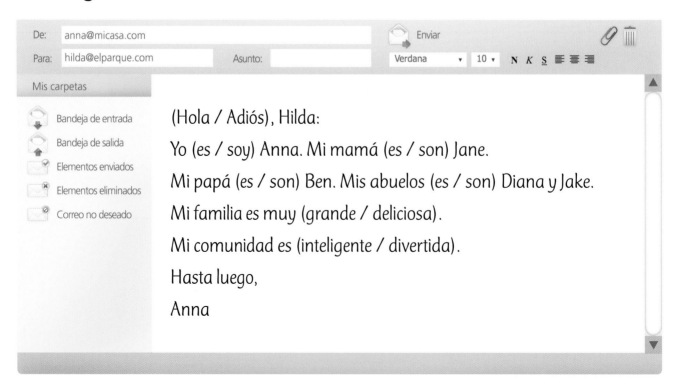

De: anna@micasa.com **Enviar**

Para: hilda@elparque.com **Asunto:** Verdana 10 N K S

Mis carpetas

Bandeja de entrada
Bandeja de salida
Elementos enviados
Elementos eliminados
Correo no deseado

(Hola / Adiós), Hilda:

Yo (es / soy) Anna. Mi mamá (es / son) Jane.

Mi papá (es / son) Ben. Mis abuelos (es / son) Diana y Jake.

Mi familia es muy (grande / deliciosa).

Mi comunidad es (inteligente / divertida).

Hasta luego,

Anna

Repasa

- los saludos y las despedidas
- la familia
- los amigos
- las palabras que describen

Aplica

1. Describe tu comunidad.
2. Describe a tu familia.
3. Describe a tus amigos.

Mi comunidad es...

¡A escribir!

Tema: Mi familia

Comunicación

PLANIFICA   ESCRIBE   REVISA

PRESENTA

¿Cómo vivimos?

Plaza del Estudiante

Carnaval

Voy a aprender sobre…

- la casa.
- la ropa y los colores.
- las personas de la comunidad.
- los lugares de la comunidad.

Mercado

Calle en Copacabana

Descubre
Bolivia

Culturas

La casa

¿Dónde vives tú? ¿En la ciudad o en el campo?

Yo vivo en la ciudad, en una casa de color blanco.

Plaza del Estudiante

Comunicación

¿Dónde vives tú? ¿En la ciudad o en el campo?

Yo vivo en el campo.

▶ Conversa.

Yo vivo en...

47

La casa de Camila

A. Escucha y repite.

ciudad

casa

cocina

comedor

B. Completa.

1. Camila vive en una casa en la _____ .

2. La _____ de Camila es hermosa.

3. Anna y Charlie están en el _____ .

4. Camila y su mamá están en la _____ .

C. Conversa con un amigo o una amiga.

• Imagina que visitas la casa de Camila.

¿Dónde está Camila?

Camila está...

¿Qué recuerdas?

A. Ordena.

1.

Anna y Charlie están en el comedor.

2.

¡Bienvenidos!

3.

¡Adiós!

B. ¿Cierto o falso?

1.

Camila está en el comedor.

2.

Camila vive en el campo.

3.

La mamá de Camila está en la cocina.

4.

Anna está en el comedor.

¿Dónde está?

A. Escucha y repite. Comunicación

Anna está en la sala.

Charlie está en el baño.

Camila está en su dormitorio.

B. Responde.

1. ¿Dónde está Anna?
2. ¿Dónde está Charlie?
3. ¿Dónde está Camila?

¿Dónde están?

A. Escucha y repite.

Las niñas **están** en el dormitorio.

Las niñas están en la sala.

Los niños están en la cocina.

Los niños están en el comedor.

B. Responde.

1. ¿Dónde están las niñas?
2. ¿Dónde están los niños?

Repasa

- los lugares de la casa
- ¿dónde está?
- ¿dónde están?

Aplica

▶ Imagina que tus amigos están en tu casa.

1. ¿Dónde está tu familia?
2. ¿Dónde están tus amigos?

¿Dónde está John?

John está en la sala.

¡A escribir!

Comunicación

Tema: Mi comunidad y yo

PLANIFICA

ESCRIBE

REVISA

PRESENTA

La ropa y los colores

De colores, de colores
es el pantalón que usa mi hermano.

De colores, de colores
es la camisa que usa mi hermana.

De colores, de colores
son los zapatos que usa mi mamá.

Yo uso ropa de muchos colores,
ropa de colores me gusta usar.

Comunidades

Ropa de colores

Mi camisa es de colores.

Mis zapatos son de colores.

Mi pantalón es de colores.

Carnaval

▶ Conversa.

Mi _____ es de colores.

Mi ropa

Mi camisa es de color azul.
¡Oh, no! ¡Mi camisa de color azul está rota!

Mamá y yo vamos a la tienda de ropa.

Mamá me compra una camisa de color verde.

Mamá también me compra un pantalón de color amarillo.

¡Gracias, mamá!

A. Escucha y repite.

| tienda | ropa | camisa | pantalón |

B. Completa.

1. Camila va a la tienda de _____ .

2. La _____ de Camila es de color azul.

3. El _____ de Camila es de color amarillo.

4. Camila y su mamá compran ropa en la _____ .

C. Conversa.

• Imagina que estás en la tienda de ropa con un amigo.

Mi amigo compra...

La camisa de mi amigo es de color...

Las vocales y los colores

A. Escucha y repite.

azul

rojo

amarillo

verde

negro

blanco

B. Completa. Lee la palabra.

1. r___jo

2. verd___

3. az___l

4. amar___llo

5. bl___nco

6. negr___

C. Escucha y escoge.

1. a.  b.  c.

2. a.  b.  c.

3. a.  b.  c.

4. a.  b.  c.

5. a. b. c.

D. Escucha y repite.

camisa

blusa

pantalón

vestido

falda

zapatos

E. Completa. Lee la palabra.

1. bl___sa

2. fald___

3. cam___sa

4. v___stido

5. zapat___s

6. p___ntalón

F. Escucha y escoge.

1. a.    b.    c.

2. a.    b.    c.

3. a.    b.   c.

¡De compras!

A. Escucha y cuenta.

una camisa

dos faldas

tres pantalones

cuatro vestidos

B. Une y conversa.

1. Camila compra   una falda de color azul.

2. Anna compra   dos pantalones de color rojo.

3. Charlie compra   tres vestidos de color amarillo.

4. Yo compro   cuatro camisas de color verde.

Repasa

- la ropa y los colores
- los números del 1 al 4

Aplica

▶ Imagina que vas a la tienda de ropa.

Yo compro dos camisas de color rojo.

1. ¿Qué compras?
   - Yo compro...
2. Conversa sobre los colores de la ropa.

¡A escribir!

Comunicación

Tema: Mi comunidad y yo

PLANIFICA

ESCRIBE

REVISA

PRESENTA

Trabajadores de la comunidad

Yo trabajo en la panadería.

Yo preparo pan todo el día.

¿Quién soy?

Yo soy panadero.

Yo soy policía.

Mercado

▷ Conversa.

○ Imagina que trabajas en la comunidad.

Yo soy...

Los trabajadores de mi comunidad

¿Quién es ella?

Ella es Nora. Nora es vendedora de frutas.

Nora trabaja en el mercado.

¿Quién es él?

Él es Ramón. Ramón es policía.

Nora y Ramón son trabajadores de la comunidad.

A. Escucha y repite.

comunidad

trabajadores

mercado

vendedora

B. Completa.

1. La vendedora de frutas trabaja en el _____ .

2. Ella es _____ de frutas.

3. Los _____ de la comunidad son importantes.

4. Ramón es un trabajador de la _____ .

C. Conversa.

1. ¿Quién es Nora?

2. ¿Quién es Ramón?

¿Dónde trabaja?

A. Escucha y repite.

¿Dónde trabaja el panadero?

El panadero trabaja en la panadería. Él prepara el pan.

¿Dónde trabaja la maestra?

La maestra trabaja en la escuela. Ella enseña.

B. Completa.

1. ¿Dónde trabaja el panadero?
   El panadero trabaja en la _____.

2. ¿Dónde trabaja la maestra?
   La maestra trabaja en la _____.

3. ¿Dónde trabaja la vendedora?
   La vendedora trabaja en la _____.

C. Completa.

Quién   Dónde

1. ¿ _____ es él?
   Él es el panadero.

2. ¿ _____ trabaja ella?
   Ella trabaja en el mercado.

3. ¿ _____ es él?
   Él es el médico.

4. ¿ _____ trabaja ella?
   Ella trabaja en la tienda.

D. Conversa.

- ¿Dónde trabaja...?

  Trabaja en...

Mi trabajador favorito

A. Escucha y repite.

¡Hola! Yo soy David. Yo vivo en Bolivia.

Muchas personas trabajan en mi comunidad.

Mi trabajador favorito es el vendedor de frutas.

El vendedor de frutas trabaja en el mercado.

Él vende frutas de color rojo, amarillo y verde.

¡Las frutas rojas son mis frutas favoritas!

B. Escoge.

1. ¿Quién es el trabajador favorito de David?

   a.

b.

c.

2. ¿Dónde trabaja el vendedor de frutas?

a.

b.

c.

C. Conversa.

1. ¿Quién es tu trabajador favorito?

2. ¿Dónde trabaja tu trabajador favorito?

Repasa

- los trabajadores de la comunidad
- ¿quién es?
- ¿dónde trabaja?

Aplica

▶ Imagina que visitas una comunidad en Bolivia.

1. Saluda a un trabajador de la comunidad.
2. Pregunta sobre un trabajador de la comunidad.
   - ¿Quién es?
   - ¿Dónde trabaja?
3. Describe la ropa del trabajador.

¿Dónde trabaja...?

¡A escribir!

Comunicación

Tema: Mi comunidad y yo

PLANIFICA   ESCRIBE   REVISA   PRESENTA

De paseo por la comunidad

Calle en Copacabana

Yo voy a...

Yo voy a la heladería.

Si yo voy al supermercado debo ir a la izquierda.
Si yo voy a la heladería debo ir a la derecha.

Yo voy al supermercado.

▶ Conversa.

- Imagina que vas de paseo por tu comunidad.

  Yo voy a...

71

¿Dónde está la plaza?

Camila y su mamá van a la plaza.

El mapa muestra dónde está la plaza.

La plaza está en la calle principal.

El supermercado y la heladería están a la izquierda de la plaza.

El museo y el hospital están a la derecha de la plaza.

¡Camila y su mamá están en la plaza!

A. Escucha y repite.

calle

plaza

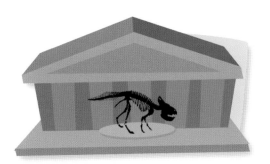

museo

heladería

B. Completa.

1. Camila va a la _____ .

2. El _____ está a la derecha de la plaza.

3. La _____ está a la izquierda de la plaza.

4. La plaza y el museo están en la _____ principal.

C. Conversa.

Camila y su mamá van a la...

El hospital está a la derecha de...

El supermercado está a la izquierda de...

El hospital está a la derecha de la plaza.

¡Vamos!

A. Escucha y repite.

Yo **voy** a la escuela.

Él **va** a la casa.

Tú **vas** a la tienda.

Nosotros **vamos** al parque.

Ellos **van** al museo.

B. Escoge. Lee en voz alta.

1. Anna y Camila (van / vamos) a la tienda de ropa.
2. Yo (voy / vamos) al mercado.
3. Charlie (va / vas) a la escuela.
4. Camila y yo (van / vamos) al supermercado.
5. Tú (vas / voy) al parque.
6. Nosotros (vamos / voy) al museo.

C. Escucha y repite.

La niña está en la
tienda de ropa.

Los amigos están
en el museo.

Tú estás en la
juguetería.

Nosotros estamos
en el parque.

D. Escoge. Lee en voz alta.

1. Yo (estoy / estamos) en la plaza.
2. Tú (estoy / estás) en la panadería.
3. Camila (está / estoy) en la tienda de ropa.
4. Nosotros (estamos / está) en el museo.
5. Los niños (está / están) en la escuela.

E. Conversa con un amigo o una amiga.

Yo estoy en...

Yo voy a...

Un mapa de la comunidad

A. Observa el mapa.

B. Escoge.

está	están	casa	parque

1. Charlie _____ en el parque.

2. Anna y su mamá _____ en el mercado.

3. Charlie está en el _____ .

4. Camila está en la _____ .

C. Conversa.

- ¿Dónde está el parque en tu comunidad?

   El parque está a la derecha de...

   El parque está a la izquierda de...

Repasa

- los lugares de la casa
- la ropa y los colores
- los números del 1 al 4
- los lugares de la comunidad
- los trabajadores de la comunidad

Aplica

1. Imagina que estás en tu casa.
   a. Conversa sobre los lugares de la casa.
   b. Describe los colores de tu ropa.

2. Imagina que estás de paseo por la comunidad.
   a. Conversa sobre los lugares de la comunidad.
   b. Conversa sobre los trabajadores de la comunidad.

¡A escribir!

Comunicación

Tema: Mi comunidad y yo

PLANIFICA   ESCRIBE   REVISA   PRESENTA

Vamos a aprender

Escuela en San Salvador

Cafetería de una escuela

Voy a aprender sobre...

- la escuela.
- las actividades en la escuela.
- los días de la semana.
- la hora.

Palacio Nacional en San Salvador

Cocina de una casa

Descubre
El Salvador

Culturas

Escuela en San Salvador

Yo estoy en la escuela.

Yo estoy en el parque.

▶ Conversa.

Yo estoy en...

La clase de arte

¡Hola! Yo soy Juan. Yo soy un estudiante.

Yo estoy en la escuela.

La señora Ruiz es la maestra de arte.

La maestra me enseña a pintar.

En la clase de arte yo uso crayones, un cuaderno y un lápiz.

¡La clase de arte es divertida!

A. Escucha y repite.

maestra

estudiante

crayones

libro

B. Completa. Lee en voz alta.

1. Juan es un _____ .

2. La _____ de arte le enseña a Juan a pintar.

3. La maestra usa un _____ .

4. Juan usa _____ para pintar.

C. Conversa.

La maestra de arte me enseña...

En la clase de arte yo uso...

¿Qué recuerdas?

A. Escoge.

1. Juan aprende a pintar.

a.    b.

2. Juan usa un cuaderno y crayones.

a.    b.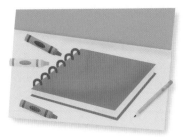

B. Completa. Lee en voz alta.

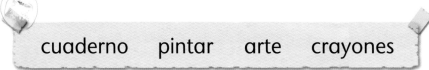

cuaderno   pintar   arte   crayones

1. Juan está en la clase de _____ .

2. La maestra enseña a los estudiantes a _____ .

3. La niña usa un lápiz y un _____ .

4. ¡Pintar con _____ es divertido!

Las clases

A. Escucha y repite. Comunicación

Yo aprendo inglés.

Yo aprendo español.

Yo aprendo ciencias.

Yo aprendo matemáticas.

Yo aprendo arte.

Yo aprendo música.

B. Conversa sobre tus clases.

Yo aprendo...

| español | inglés | ciencias | matemáticas | arte | música |

¿Qué aprenden?

A. Escucha y repite.

En El Salvador

Yo aprendo
a pintar.

Yo aprendo
a escribir.

Yo aprendo a leer.

Yo aprendo a
jugar fútbol.

Yo aprendo a tocar
marimba.

B. Compara y conversa.

Yo aprendo a...

pintar   leer   escribir   jugar fútbol   tocar marimba

Repasa

- los útiles de la escuela
- las clases en la escuela
- lo que aprendes en la escuela y en la comunidad

Aplica

1. Conversa sobre tu clase favorita en la escuela.
2. Conversa sobre los útiles que usas en la escuela.
3. Conversa sobre lo que aprendes en la escuela.

Yo uso un libro en la escuela.

Yo aprendo a leer en la escuela.

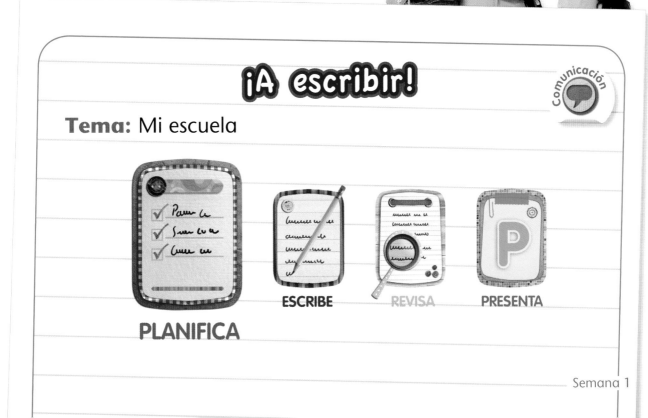

¡A escribir!

Tema: Mi escuela

PLANIFICA ESCRIBE REVISA PRESENTA

Comunicación

Lugares y actividades en la escuela

Conexiones

En la cafetería yo voy a comer.

En el salón de clases yo voy a estudiar.

Dentro del gimnasio yo voy a correr.

Y fuera en el patio yo voy a jugar.

Comunicación

Yo voy a estudiar en el salón de clases.

Yo voy a jugar en el patio.

▶ Conversa.

Yo voy a...

Cafetería de una escuela

Las reglas de la escuela

· R E G L A S ·

Los estudiantes sí deben...

- jugar en el patio.
- estudiar en el salón de clases.
- comer en la cafetería.

Los estudiantes no deben...

- correr en la cafetería.
- comer en el salón de clases.
- comer en el gimnasio.

Éstas son las reglas de la escuela.

A. Escucha y repite.

estudiantes

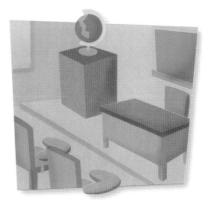

salón de clases

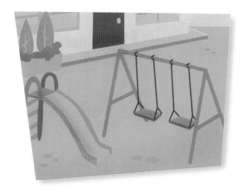

patio

cafetería

B. Completa. Lee en voz alta.

1. Los _____ sí deben estudiar en el salón de clases.

2. Los estudiantes sí deben jugar en el _____.

3. Los estudiantes no deben comer en el _____.

4. Los estudiantes no deben correr en la _____.

C. Conversa sobre las reglas de la escuela.

Los estudiantes sí deben...

Los estudiantes no deben...

En la escuela y en la comunidad

A. Escucha y repite.

cafetería

comida

cuchara

B. Escucha e identifica.

1. Comienza con *ca*.

a.

b.

c.

2. Comienza con *co*.

a.

b.

c.

3. Comienza con *cu*.

a.

b.

c.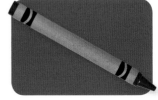

c. Une y lee la palabra.

1. ca › sa

2. co › lor

3. co › mi › da

4. co › rre

5. cu › cha ‹ ra

6. co   me

D. Une y conversa.

Carlos come la comida ▫   ▫ en la tienda.

Camila corre ▫   ▫ en la cafetería.

Carmen compra la camisa ▫   ▫ en el parque.

E. Conversa.

Mi amigo come en la...

Mi amiga corre en el...

Mi amigo compra en la...

Las reglas del juego

A. Observa y escoge.

* La regla del juego es...

1.
   a. correr en el patio.
   b. correr en la cafetería.

2.
   a. jugar en la cafetería.
   b. jugar en el gimnasio.

B. Escoge. Lee la oración.

dentro

fuera

1. Las amigas juegan...
   a. dentro de la casa.
   b. fuera de la casa.

2. Los amigos corren...
   a. dentro del salón de clase.
   b. fuera del salón de clase.

Repasa

- los lugares en la escuela
- las actividades y los juegos

Aplica

1. Conversa sobre los lugares en la escuela.
2. Conversa sobre las reglas de la escuela.

Mi lugar favorito en la escuela es el gimnasio.

¡A escribir!

Comunicación

Tema: Mi escuela

PLANIFICA

ESCRIBE

REVISA

PRESENTA

Los días de la semana

Palacio Nacional en San Salvador

Comunicación

Siete son los días
que tiene la semana.

Hoy es el día lunes
y el martes es mañana.

Luego viene el miércoles,
seguido por el jueves,
viernes, sábado y domingo.

¡Decir los días puedes!

NOVIEMBRE

domingo	lunes	martes	miércoles	jueves	viernes	sábado
	✕					

Hoy es lunes.
Hoy voy al museo.

Conversa.

Hoy es...

Los días de la semana

domingo lunes martes miércoles jueves viernes sábado	**domingo** El domingo yo juego fútbol.	**lunes** El lunes yo juego baloncesto.	**martes** El martes yo juego fútbol.
miércoles El miércoles yo juego béisbol.	**jueves** El jueves yo no juego.	**viernes** El viernes yo juego baloncesto.	**sábado** El sábado yo juego fútbol.

¿Qué día es hoy?

Hoy es martes. Hoy juego fútbol.

A. Escucha y repite.

juega

fútbol

baloncesto

béisbol

B. Completa. Lee en voz alta.

1. El domingo Juan juega _____ .

2. El miércoles Juan juega _____ .

3. El viernes Juan juega _____ .

4. El jueves Juan no _____ .

C. Conversa con un amigo o una amiga.

1. ¿Qué día es hoy?

   Hoy es...

2. ¿Qué juegas el sábado?

   El sábado yo juego...

El sábado yo juego baloncesto.

¿A dónde vas?

A. Lee en voz alta.

El domingo yo voy al parque.
El lunes yo voy a la escuela.
El martes yo voy a la playa.
El miércoles yo voy al museo.
El jueves yo voy al mercado.
El viernes yo voy a la plaza.
El sábado yo voy a la panadería.

B. Identifica el día de la semana.

1. domingo

el parque

5.

el mercado

2.

la escuela

6.

la plaza

3.

la playa

7. sábado

la panadería

4. miércoles

el museo

C. Escucha y repite.

El lunes los estudiantes aprenden ciencias.

El viernes los estudiantes aprenden música.

D. Escoge. Lee en voz alta.

1. ¡(La / la) clase de español es divertida!
2. (Juan / juan) aprende ciencias.
3. El (Miércoles / miércoles) yo aprendo inglés.
4. ¡(La / la) clase de música es difícil!

Las actividades de la semana

A. Completa. Lee en voz alta.

Las actividades de Juan

1. El   unes Juan va a la escuela.

2.   uan aprende inglés el martes.

3. El   iernes Juan pinta en la clase de arte.

4. ¡   a clase de arte es divertida!

5. El   ábado Juan juega fútbol.

6. El   omingo Juan visita a sus abuelos.

B. Completa con el día de la semana.

Mis actividades

1. El   yo juego en el patio.

2. El   yo voy a la escuela.

3. El   yo aprendo español.

4. El   yo no voy a la escuela.

5. El   yo juego en casa.

6. El   yo aprendo ciencias.

C. Conversa.

- Compara tus actividades con las actividades de un amigo.

Repasa

- las actividades de la semana
- los días de la semana

Aplica

1. Menciona los días de la semana.

   - Los días de la semana son...

2. Conversa sobre las actividades de la semana.

   a. El lunes yo...
   b. El domingo yo...
   c. Es divertido...
   d. Es aburrido...

El lunes yo aprendo español.

¡A escribir!

Comunicación

Tema: Mi escuela

PLANIFICA   ESCRIBE   REVISA   PRESENTA

La hora

Por la mañana y por la tarde, el reloj dice qué hora es.

¡Es hora de prepararme para ir a la escuela otra vez!

Cocina de una casa

Por la mañana yo voy a la escuela.

Por la tarde yo juego béisbol.

▶ Conversa.

Por la mañana yo...

Por la tarde yo...

Una página web

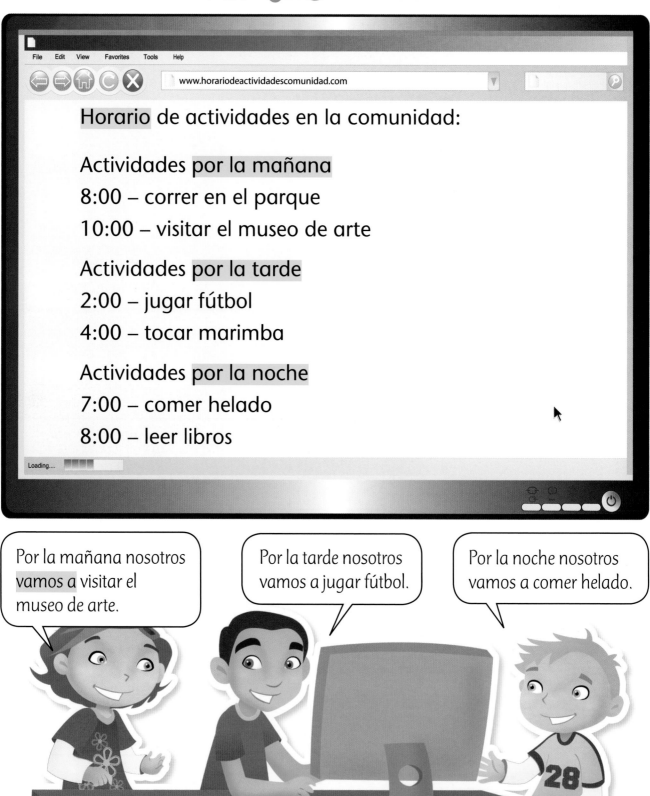

Horario de actividades en la comunidad:

Actividades por la mañana
8:00 – correr en el parque
10:00 – visitar el museo de arte

Actividades por la tarde
2:00 – jugar fútbol
4:00 – tocar marimba

Actividades por la noche
7:00 – comer helado
8:00 – leer libros

Por la mañana nosotros vamos a visitar el museo de arte.

Por la tarde nosotros vamos a jugar fútbol.

Por la noche nosotros vamos a comer helado.

A. Completa. Lee en voz alta.

 ocho

 diez

 dos

 cuatro

1. Los niños van a correr en el parque
   a las _____ de la mañana.

2. Los niños van a jugar fútbol
   a las _____ de la tarde.

3. Los niños van a visitar el museo de
   arte a las _____ de la mañana.

4. Los niños van a tocar marimba
   a las _____ de la tarde.

B. Conversa.

   Por la mañana yo voy a...

   Por la tarde yo voy a...

   Por la noche yo voy a...

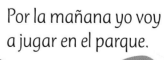

Por la mañana yo voy
a jugar en el parque.

Los números y la hora

A. Escucha y repite.

1	2	3	4	5	6
uno	dos	tres	cuatro	cinco	seis
7	8	9	10	11	12
siete	ocho	nueve	diez	once	doce

B. Escucha y repite.

1:00	2:00	3:00	4:00	5:00	6:00
la una	las dos	las tres	las cuatro	las cinco	las seis
7:00	8:00	9:00	10:00	11:00	12:00
las siete	las ocho	las nueve	las diez	las once	las doce

C. Une.

1. 1:00

2. 3:00

3. 5:00

a. las tres

b. las cinco

c. la una

D. Escucha y repite.

¿Qué hora es?

Son las seis de la mañana.

Es la una de la tarde.

Son las cuatro de la tarde.

Son las siete de la noche.

E. Escoge. Lee la oración.

1. (Es / Son) las ocho de la mañana.
2. (Es / Son) las tres de la tarde.
3. (Es / Son) las once de la noche.
4. (Es / Son) la una de la tarde.

F. Conversa.

Es	la una	de la mañana.
Son	las dos	de la tarde.
	las cinco	de la noche.
	las siete	
	las diez	

Actividades en la comunidad

A. Lee.

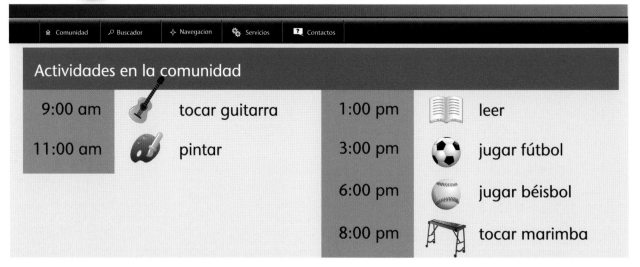

Yo **voy** a tocar guitarra.

Tú **vas** a pintar.

Ella **va** a leer.

Ellos **van** a jugar fútbol.

Nosotros **vamos** a jugar béisbol.

Ustedes **van** a tocar marimba.

B. Escoge.

1. Yo (voy / vas) a visitar el museo.
2. Nosotros (van / vamos) a hablar español.
3. Él (vas / va) a jugar baloncesto.
4. Tú (voy / vas) a tocar marimba.
5. Ellos (van / vas) a tocar el piano.

C. Conversa sobre las actividades en la comunidad.

Yo voy a...   Tú vas a...

Repasa

- los lugares en la escuela
- las actividades y los juegos
- los días de la semana
- los números del 1 al 12
- la hora

Aplica

1. Di qué hora es.
2. Di qué día es hoy.
3. Conversa sobre las actividades en tu escuela.
4. Conversa sobre las actividades en tu comunidad.

En la escuela yo voy a aprender español.

¡A escribir!

Comunicación

Tema: Mi escuela

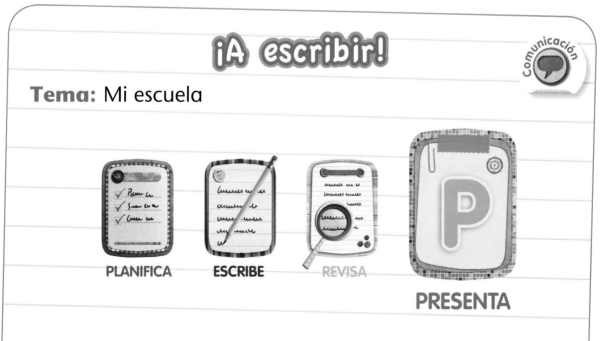

PLANIFICA   ESCRIBE   REVISA   PRESENTA

Los animales

Rana de Ecuador

Granja en Ecuador

Voy a aprender sobre...

- las mascotas y otros animales.
- cómo son los animales.
- qué comen los animales.
- cómo se mueven los animales.

Vaca en Laguna Chiquita

Patos en Chimborazo

Descubre
Ecuador

Las mascotas y otros animales

Conexiones

¡Ah-um! Tengo una ranita.

¡Ah-um! Tengo una ranita para ti.

Mi ranita dice: um-ah-um.

Mi ranita dice: um-ah-um.

Comunicación

Yo tengo una rana.

Yo tengo un perro.

Yo tengo un gato.

▶ Conversa.

Yo tengo…

Rana de Ecuador

Las mascotas de Diana

A. Escucha y repite.

mascotas

loro

perro

pez

B. Completa.

1. El loro, el pez y el perro son _____ .

2. El _____ es grande.

3. El _____ es de color marrón.

4. El _____ es de color verde.

C. Conversa.

- Imagina que tienes una mascota.

  Mi mascota es...

  El color de mi mascota es...

¿Qué recuerdas?

A. Escoge.

1. ¿Qué animal es una mascota?

a.

b.

c.

2. ¿Qué animal no es una mascota?

a.

b.

c.

B. Une. Lee en voz alta.

1. El perro	a. es verde.
2. El loro	b. es blanco.
3. El pez	c. es marrón.

C. Une. Lee en voz alta.

1. El perro a. es pequeño.

2. El loro  b. es grande.

118 Unidad 4

Así es mi mascota

Escucha y repite.

El perro es grande.

El gato es pequeño.

El conejo es blanco.

El pájaro es negro.

El hámster es suave.

La tortuga es dura.

B. Construye oraciones. Lee en voz alta.

El perro	es negro.
El gato	es suave.
El pájaro	es grande.
El conejo	es blanco.
El hámster	es dura.
La tortuga	es pequeño.

Animales de Ecuador

A. Escucha y repite. Culturas

El mono es rápido.

La tortuga es lenta.

La llama es grande.

El pingüino es pequeño.

B. Observa y conversa.

La tortuga de Ecuador es...

El loro de Ecuador es...

Repasa

- las mascotas y otros animales
- las palabras para describir a los animales

Aplica

1. Menciona dos animales que son mascotas.
2. Menciona dos animales que no son mascotas.
3. Describe a tu animal favorito.

El gato es pequeño y suave.

¡A escribir!

Comunicación

Tema: Mi mascota favorita

PLANIFICA   ESCRIBE   REVISA   PRESENTA

¿Cómo son los animales?

Granja en Ecuador

Comunidades

Los pollitos dicen:
pío, pío, pío.

Cuando sienten hambre,
Cuando sienten frio.

La mamá gallina
les da pan y trigo
y con sus dos alas
ella les da abrigo.

La gallina tiene alas.

La gallina tiene patas.

La gallina tiene plumas.

▶ Conversa.

La gallina tiene…

Adivina el animal

Diana: Adivina el animal.

Charlie: ¿Cómo es?

Diana: Tiene cuatro patas, dos orejas y una cola.

Charlie: ¿Es un perro?

Diana: ¡Sí, es un perro! ¡Adivinaste!

Charlie: Adivina el animal.

Diana: ¿Cómo es?

Charlie: Tiene plumas, dos patas y dos alas.

Diana: ¿Es un pájaro?

Charlie: ¡Sí, es un pájaro! ¡Adivinaste!

A. Escucha y repite.

patas

orejas

cola

alas

B. Completa.

1. Los perros tienen una ⬚⬚⬚⬚ y dos ⬚⬚⬚⬚ .

2. Los pájaros tienen dos ⬚⬚⬚⬚ y dos ⬚⬚⬚⬚ .

C. Conversa.

El perro tiene…

El pájaro tiene…

Los animales tienen...

A. Escucha y repite.

     ojos

    boca

    nariz

     orejas

B. Escucha e identifica.

1. a.    b.    c.

2. a.    b.    c.

3. a.    b.    c.

C. Construye oraciones. Conversa.

El conejo tiene	dos ojos.
El perro tiene	una nariz.
La tortuga tiene	una boca.
El gato tiene	dos orejas.

D. Escucha y repite.

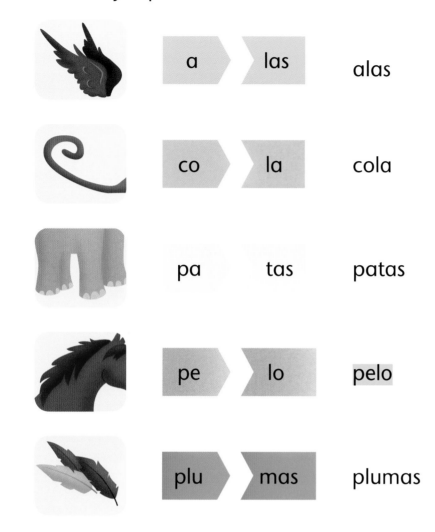

a las   alas

co la   cola

pa tas   patas

pe lo   pelo

plu mas   plumas

E. Construye oraciones. Conversa.

El loro tiene	alas.
El conejo tiene	cola.
La tortuga tiene	patas.
El gato tiene	pelo.
El pingüino tiene	plumas.

¿Qué hace el animal?

A. Escucha y repite.

 nada

 vuela

 corre

 camina

B. Lee la palabra y separa los sonidos.

1. na ▷ da

2. vue ▷ la

3. co ▷ rre

4. ca ▷ mi ▷ na

C. Completa y lee la oración.

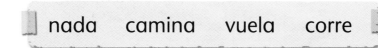

nada   camina   vuela   corre

1. El _____ .

2. El _____ .

3. El _____ .

4. La _____ .

Repasa

- las partes del cuerpo de los animales
- qué hacen los animales

Aplica

1. ¿Cómo es tu animal favorito?
2. ¿Qué hace tu animal favorito?

La tortuga tiene una boca, dos ojos y cuatro patas. La tortuga camina.

¡A escribir!

Comunicación

Tema: Mi mascota favorita

PLANIFICA

ESCRIBE

REVISA

PRESENTA

¿Qué comen los animales?

Vaca en Laguna Chiquita

Comunicación

La vaca come pasto.

La vaca come cebada.

Yo tengo una vaca lechera.

No es una vaca cualquiera.

Come pasto y cebada,
temprano en la madrugada.

¡Tolón, tolón! ¡Tolón, tolón!

Comunidades

> Conversa.

La vaca come…

131

¿Qué comen los pájaros?

Pájaros de Ecuador

¿Sabes qué comen los pájaros?

Los pájaros comen diferentes alimentos.

Unos pájaros comen semillas de plantas.

Otros pájaros comen pescado.

Algunos comen carne.

¡Los pájaros comen mucho!

A. Escucha y repite.

alimentos

semillas

plantas

pescado

B. Completa.

1. Las semillas y la carne son _____ .

2. Los pájaros comen las semillas de las _____ .

3. Los pájaros comen carne, _____ y _____ .

C. Conversa.

• ¿Qué comen los pájaros?

    Los pájaros comen…

Los pájaros comen semillas.

Los alimentos de los animales

A. Lee.

El perro come carne.

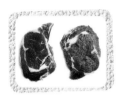

El gato come pescado.

El loro come semillas.

La vaca come pasto.

La tortuga come plantas.

B. Une. Lee en voz alta.

1. ¿Qué come el loro?
2. ¿Qué come el conejo?
3. ¿Qué come el pingüino?
4. ¿Qué come la tortuga?
5. ¿Qué come el perro?
6. ¿Qué come el hámster?

a. El conejo come verduras.
b. El hámster come semillas.
c. El pingüino come pescado.
d. El perro come carne.
e. El loro come semillas.
f. La tortuga come plantas.

C. Escucha y repite.

¿Qué come el pájaro?
El pájaro come semillas.
¡Las semillas son deliciosas!

¿Qué come el gato?
El gato come pescado.
¡Qué rico es el pescado!

¿Qué come el conejo?
El conejo come verduras.
¡Qué sabrosas son las verduras!

D. Identifica la oración. Lee en voz alta.

I = información (.)   P = pregunta (¿?)   E = exclamación (¡!)

1. ¿Qué come la vaca?

2. El hámster come semillas.

3. ¡Qué ricas son las verduras!

4. ¿Qué come la tortuga?

5. ¡La comida es deliciosa!

6. El conejo come vegetales.

Los animales salvajes

A. Observa y lee.

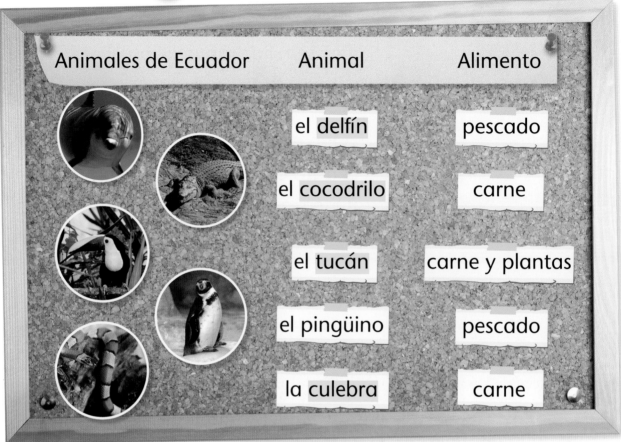

Animales de Ecuador	Animal	Alimento
	el delfín	pescado
	el cocodrilo	carne
	el tucán	carne y plantas
	el pingüino	pescado
	la culebra	carne

B. Completa y lee la oración.

1. El delfín y el pingüino comen   .

2. La culebra come   .

3. El tucán come   y   .

4. El cocodrilo y la culebra comen   .

C. Compara.

1. ¿Qué animales tienen nombres similares en español y en inglés?

2. ¿Qué animales viven en Ecuador y en Estados Unidos?

Repasa

- qué comen los animales

Aplica

1. Menciona tres animales que viven en Ecuador.

2. Menciona tu animal favorito.

3. Conversa sobre lo que come tu animal favorito.

Mi animal favorito es el loro. El loro come semillas.

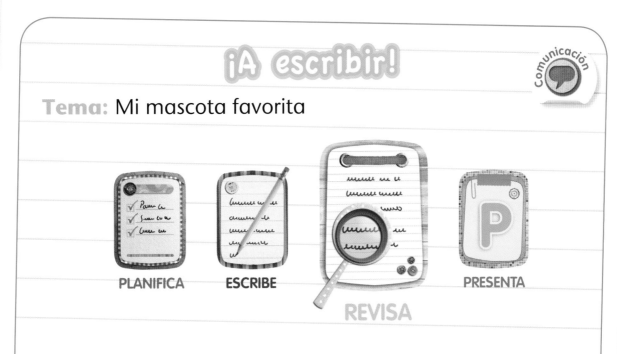

¡A escribir!

Tema: Mi mascota favorita

Comunicación

PLANIFICA   ESCRIBE   REVISA   PRESENTA

semana
4

¿Cómo se mueven los animales?

Pato, patito
cuac, cuac, cuac.
Camina rapidito
cuac, cuac, cuac.

El pato camina.

El pato nada.

El pato vuela.

▶ Conversa.

El pato...

Patos en Chimborazo

Un videojuego

¿Te enseño a jugar?

Este videojuego de peces es muy divertido.

¿Te enseño a jugar?

Observa este pez.

Vamos a poner el pez en el agua para que pueda nadar.

¡Mira! El pez se mueve en el agua.

El pez nada. ¡Ganamos!

A. Escucha y repite.

videojuego

agua

peces

nada

B. Completa.

1. Jugar un _____ es divertido.

2. El videojuego es de _____ .

3. El pez se mueve en el _____ .

4. El pez _____ en el agua.

C. Conversa con un amigo o una amiga.

¿Cómo se mueve...?

El pez...

Así nos movemos

A. Escucha y repite.

Yo me muevo.

Tú te mueves.

Nosotros nos movemos.

El pingüino se mueve.

Los peces se mueven.

B. Une. Lee en voz alta.

1.  Yo

   a. te mueves.

2.  Tú

   b. me muevo.

3.  Nosotros

   c. se mueve.

4.  Ella

   d. se mueven.

5.  Ellos

   e. nos movemos.

C. Escucha y repite.

Algunos animales se mueven **rápidamente**.

El delfín se mueve rápidamente.

El hámster se mueve rápidamente.

Algunos animales se mueven **lentamente**.

El caracol se mueve lentamente.

La estrella de mar
se mueve lentamente.

D. Conversa con un amigo o una amiga.

1. ¿Cómo se mueve el gato?

   El gato se mueve...

2. ¿Cómo se mueve el pez?

   El pez se mueve...

3. ¿Cómo se mueve la tortuga?

   La tortuga se mueve...

4. ¿Cómo te mueves tú?

   Yo me muevo...

Los animales en la comunidad

A. Lee.

> Yo cuido a los animales en mi comunidad.
> En mi comunidad viven perros, gatos,
> loros, gallinas, tortugas, ranas y culebras.
> Algunos animales se mueven rápidamente.
> Otros animales se mueven lentamente.

veterinaria

B. Identifica los animales que viven en tu comunidad.

1. perro

2. gato

3. pato

4. pez

5. conejo

6. cocodrilo

7. tortuga

8. pájaro

9. culebra

C. Conversa.

1. ¿Qué animales viven en tu comunidad?
2. ¿Qué animales se mueven rápidamente?
3. ¿Qué animales se mueven lentamente?
4. ¿Quién cuida a los animales?

Repasa

- las mascotas y otros animales
- las partes del cuerpo de los animales
- qué comen los animales
- cómo se mueven los animales

Aplica

1. Escoge un animal que vive en tu comunidad.

2. Busca información sobre el animal.

En mi comunidad vive un gato. El gato es negro. Tiene cuatro patas y una cola. El gato come...

3. Conversa sobre el animal.

   a. ¿Es una mascota?

   b. ¿Cómo es?

   c. ¿Qué come?

   d. ¿Cómo se mueve?

¡A escribir!

Comunicación

Tema: Mi mascota favorita

PLANIFICA   ESCRIBE   REVISA

PRESENTA

Unidad 5

Nos cuidamos

Calle Alcalá en Madrid

Espectáculo de flamenco

Voy a aprender sobre...

- las partes del cuerpo.
- los sentidos.
- los alimentos.
- los hábitos saludables.

Mercado de La Boqueria en Barcelona

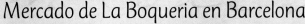

Niños lavándose los dientes

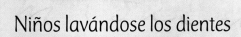

Descubre
España

Las partes del cuerpo

¿Ves mis manos y mis pies?

¿Ves mi boca al hablar?

¿Ves mi nariz y mis ojos?

¿Los puedes encontrar?

Mi cuerpo

 Éstos son mis ojos.

 Ésta es mi boca.

 Ésta es mi nariz.

 Éstos son mis dientes.

▶ Conversa.

Ésta es mi...

Éstos son mis...

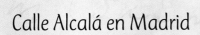
Calle Alcalá en Madrid

¡Listos para bailar!

Daniel y su hermana Sofía cuidan su cuerpo para estar sanos.

Ellos quieren estar sanos para bailar en el teatro.

Primero, ellos se lavan la cara y los dientes.

Después, ellos se peinan el cabello.

Por último, ellos se ponen su ropa y sus zapatos.

¡Daniel y Sofía están listos para ir a bailar al teatro!

A. Escucha y repite.

cuerpo

cara

dientes

cabello

B. Completa.

1. Daniel cuida su   para estar sano.

2. Sofía se peina el   .

3. Sofía se lava la   y los   .

C. Conversa.

Yo me lavo…

Yo me peino…

Yo me pongo…

¿Qué recuerdas?

A. Lee y ordena.

1.

Daniel se peina el cabello.

2.

Daniel se pone la ropa.

3.

Daniel se lava la cara.

B. Observa las imágenes. Cuenta la historia.

1. Primero…

2. Después…

3. Por último…

La cara

A. Escucha y repite.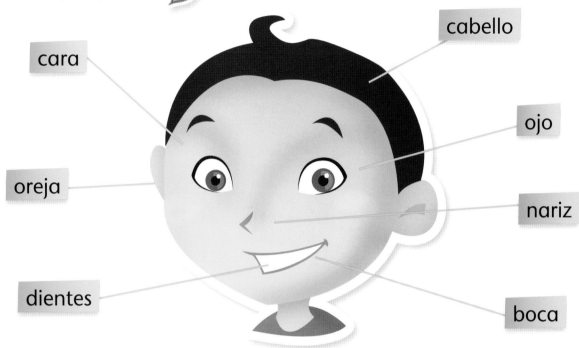

conexiones

cabello

cara

ojo

oreja

nariz

dientes

boca

B. Conversa. Señala las partes de tu cara.

Ésta es mi → nariz.
boca.

Éstas son mis → orejas.

Éste es mi → cabello.

Éstos son mis → ojos.
dientes.

¡Así se cuidan!

A. Escucha, repite y compara.

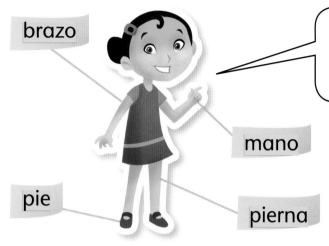

brazo

mano

pie

pierna

Yo uso ropa para proteger mi cuerpo. Los niños en España y Estados Unidos usamos ropa similar.

B. Escucha y repite.

Para cuidar el cuerpo, muchas personas en España duermen la siesta. Por las tardes, los niños y los adultos van a la casa a dormir. Después todos continúan con sus actividades.

C. Conversa.

1. ¿Cómo cuidan su cuerpo los niños en España?
2. ¿Cómo cuidas tu cuerpo?

Repasa

- las partes de la cara
- las partes del cuerpo

Aplica

Yo me lavo los dientes.

1. Menciona tres partes de la cara.
2. Menciona tres partes del cuerpo.
3. Conversa sobre cómo cuidas tu cuerpo.
   a. Yo me lavo…
   b. Yo me peino…
   c. Yo me pongo…

¡A escribir!

Comunicación

Tema: Cuido mi cuerpo

PLANIFICA   ESCRIBE   REVISA   PRESENTA

Los sentidos

semana
2

156

Comunicación

¿Te sabes los cinco sentidos?

Te doy una pista.

¡Olé!

Son el oído y el olfato
el tacto, el gusto y la vista.

¡Olé!

el gusto

el olfato

la vista

el tacto

el oído

▶ Conversa.

Los cinco sentidos son...

Espectáculo de flamenco

Daniel y Sofía bailan flamenco

Daniel y Sofía bailan en el teatro.

Daniel puede tocar la guitarra con sus manos.

Sofía puede oler la flor con su nariz.

Daniel y Sofía pueden oír la música con sus oídos.

Daniel y Sofía pueden ver a los músicos con sus ojos.

Daniel y Sofía pueden bailar.

Ellos bailan flamenco muy bien.

¡Bravo! ¡Bravo!

A. Escucha y repite.

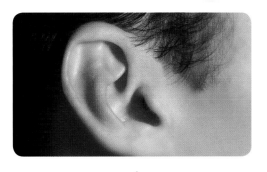

oír

oler

tocar

ver

B. Completa.

1. Daniel puede   con sus manos.

2. Sofía puede   con su nariz.

3. Daniel puede   con sus oídos.

4. Sofía puede   con sus ojos.

C. Conversa.

1. ¿Qué puedes hacer con tus manos?

2. ¿Qué puedes hacer con tu nariz?

3. ¿Qué puedes hacer con tus oídos?

4. ¿Qué puedes hacer con tus ojos?

Yo puedo oler con mi nariz.

¿Cómo es?

A. Escucha y repite.

 ¿Cómo **se ve**?

 peinado    des peinado

 arreglada    des arreglada

 colorido    des colorido

 ¿Cómo **se oye**?

 afinado    des afinado

B. Conversa.

1. ¿Cómo se ve tu cabello?

   Mi cabello se ve…

2. ¿Cómo se oye tu voz?

   Mi voz se oye…

3. ¿Cómo se ve tu camisa?

   Mi camisa se ve…

C. Escucha y repite.

¿Cómo huele?

 delicioso

¿Cómo se siente?

 pegajoso

¿Cómo sabe?

 sabroso

¿Cómo se oye?

 ruidoso

¿Cómo se ve?

 hermoso

D. Une. Lee en voz alta.

1. Se ve hermoso.

a.

2. Se oye ruidoso.

b.

3. Se siente pegajoso.

c.

4. Huele delicioso.

d.

5. Sabe sabroso.

e.

E. Conversa.

- Imagina que tienes un pastel.
  1. ¿Cómo es el pastel?
  2. ¿Cómo huele el pastel?
  3. ¿Cómo sabe el pastel?

¿Cómo se siente?

A. Escucha y repite.

Se siente frío.

agua

jugo

hielo

helado

Se siente caliente.

sopa

café

carne

arroz

B. ¿Cierto o falso?

1. El hielo se siente frío.

2. La sopa se siente caliente.

3. El helado se siente caliente.

4. El café se siente frío.

C. Conversa.

1. ¿Qué se siente frío?

2. ¿Qué se siente caliente?

Repasa

- las partes del cuerpo
- los cinco sentidos

Aplica

1. Conversa sobre los cinco sentidos.
2. Conversa sobre las partes del cuerpo.
3. Describe tu helado favorito.
   a. ¿Cómo se ve?
   b. ¿Cómo se siente?
   c. ¿Cómo huele?
   d. ¿Cómo sabe?

El helado sabe delicioso.

¡A escribir!

Tema: Cuido mi cuerpo

Comunicación

PLANIFICA

ESCRIBE

REVISA

PRESENTA

La alimentación

Come verduras.

Come muchas frutas.

Come despacio y así las disfrutas.

Mercado de La Boqueria en Barcelona

Comunicación

Conversa.

Yo como…

Daniel y Sofía van a un restaurante

Mesero: Bienvenidos. ¿Qué quieren beber?

Señor Sánchez: Nosotros queremos beber agua, por favor.

Mesero: ¿Qué quieren comer?

Señora Sánchez: Yo quiero comer pescado con verduras.

Señor Sánchez: Yo quiero comer carne con arroz.

Daniel: Nosotros queremos comer pollo con verduras.

Mesero: ¿Les gusta la comida?

Todos: ¡Sí! Nos gusta la comida.

A. Escucha y repite.

arroz

pescado

pollo

verduras

B. Completa.

1. La señora Sánchez come _____ con verduras.

2. El señor Sánchez come carne con _____ .

3. Daniel come _____ con verduras.

4. Charlie y Anna comen pollo con _____ .

C. Conversa.

1. ¿Qué quieres beber?

   Yo quiero beber…

2. ¿Qué quieres comer?

   Yo quiero comer…

Yo quiero beber agua.

En la mesa

A. Escucha y repite.

¿Qué debo poner en la mesa?

Debes poner platos, vasos, servilletas, tenedores, cucharas y cuchillos.

cuchillo

cuchara

vaso

plato

servilleta

tenedor

B. Lee y escoge.

1. Daniel pone un vaso, un plato y una cuchara en la mesa.

a.

b.

c.

2. Sofía pone una servilleta, un tenedor y un cuchillo en la mesa.

a.

b.

c.

C. Lee.

1.

—¿Qué comes?
—Como frutas.

2.

—¿Qué comes?
—Como carne y verduras.

3.

—¿Qué comes?
—Como pollo, verduras y arroz.

4.

—¿Qué comes?
—Como pescado, verduras y papas fritas.

D. Completa. Representa el diálogo con un amigo.

—¿Qué debo poner en la mesa?

—En la mesa debes poner   ,   y   .

—¿Qué quieres comer?

—Yo quiero comer   ,   y   .

¿Te gusta?

A. Escucha y repite.

Me gusta comer pescado frito.
Me gusta tomar sopa de tomate.
No me gusta comer carne.

B. Lee y escoge.

1.

    a. ¡Me gusta comer pescado frito!
    b. ¡No me gusta comer pescado frito!

2.

    a. ¡Me gusta comer carne!
    b. ¡No me gusta comer carne!

3.

    a. ¡Me gusta tomar sopa de tomate!
    b. ¡No me gusta tomar sopa de tomate!

C. Conversa con un amigo o una amiga.

    1. ¿Qué te gusta comer?
    2. ¿Qué no te gusta comer?

Repasa

- los alimentos
- los utensilios para comer
- lo que te gusta y lo que no te gusta

Aplica

1. Menciona tres alimentos que te gusta comer.
2. Menciona qué debes poner en la mesa para comer esos alimentos.

Me gusta tomar sopa de pollo. Debes poner un plato, una cuchara y una servilleta en la mesa para tomar sopa de pollo.

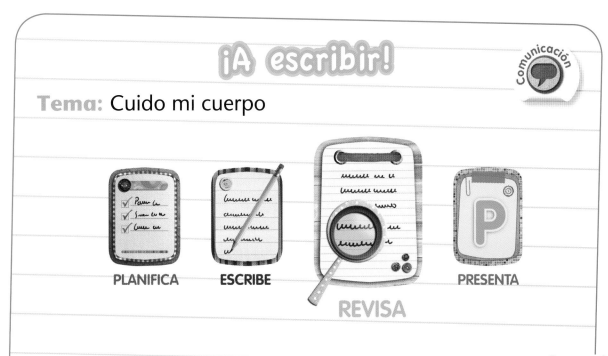

¡A escribir!

Comunicación

Tema: Cuido mi cuerpo

PLANIFICA   ESCRIBE   REVISA   PRESENTA

Hábitos saludables

Pin Pon es un muñeco
de trapo y de cartón.

Se lava la carita
con agua y jabón.

Y cuando las estrellas
comienzan a salir,
Pin Pon se va a la cama
y se acuesta a dormir.

Comunidades

Comunicación

Me lavo la cara.

Me acuesto a dormir.

▶ Conversa.

Por la noche…

Niños lavándose los dientes

Una tarjeta electrónica

De: abuelasusi@enmicasa.com

Enviar

Para: sofía24@enmicasa.com   Asunto:

Verdana ▾ 10 ▾   N *K* S̲ ☰ ☰ ☰

Mis carpetas

Bandeja de entrada

Bandeja de salida

Elementos enviados

Elementos eliminados

Correo no deseado

www.tarjetasfelices.com

Querida Sofía:

¿Cómo estás?

Recuerda comer alimentos saludables, lavar tus dientes y dormir temprano.

Un beso,

Tu abuela.

A. Escucha y repite.

tarjeta

alimentos

dormir

lavar

B. Completa.

1. Sofía debe   sus dientes.

2. Sofía debe   temprano.

3. Sofía debe comer   saludables.

4. A Sofía le gusta la   de su abuela.

C. Conversa.

Yo debo comer…

Yo debo lavar…

Yo debo dormir…

Yo debo comer alimentos saludables.

¿Cómo te cuidas?

A. Escucha y repite.

Yo me lavo las manos.

Tú te lavas las manos.

Nosotros nos lavamos las manos.

Ella se lava la cara.

Ellos se lavan la cara.

B. Completa.

1. Yo me _____ las manos para estar sano.

2. Mis amigos y yo nos _____ las manos para estar sanos.

3. Mi hermana se _____ las manos para estar sana.

C. Conversa.

Yo	me lavo	la cara.
Tú	te lavas	las manos.
Él / Ella	se lava	los dientes.
Ellos / Ellas	se lavan	el cabello.
Nosotros	nos lavamos	las orejas.

D. Escucha y repite.

Yo **cuido** mi salud.
Yo bebo agua.

Tú **cuidas** tu salud.
Tú duermes temprano.

Mi mamá **cuida** su salud.
Ella come alimentos saludables.

Mis amigos **cuidan** su salud.
Ellos juegan fútbol.

Nosotros **cuidamos** nuestra salud.
Nosotros nos lavamos las manos.

E. Conversa.

1. ¿Cómo cuidas tu salud?
2. ¿Cómo cuida su salud tu amigo o amiga?
3. ¿Cómo cuidan su salud los niños de tu comunidad?

Una visita al médico

A. Escucha y repite.

Soy médico.
Cuido a los enfermos.

¿Qué te duele?

Me duele la cabeza.

B. Observa y escoge. Lee en voz alta.

1. ¿Qué te duele?

a. Me duele la mano.

b. Me duele la pierna.

2. ¿Qué te duele?

a. Me duele el brazo.

b. Me duele el pie.

C. Conversa.

• ¿Qué hace el médico?

Repasa

- las partes del cuerpo
- los sentidos
- los alimentos
- los hábitos saludables

Aplica

1. Menciona las partes de la cara y del cuerpo.
2. Menciona los cinco sentidos.
3. Conversa sobre cómo cuidas tu cuerpo.

> Yo como alimentos saludables para cuidar mi cuerpo.

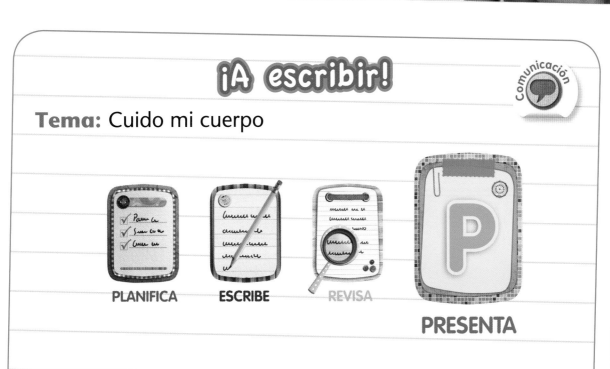

¡A escribir!

Comunicación

Tema: Cuido mi cuerpo

PLANIFICA   ESCRIBE   REVISA

PRESENTA

Nuestro ambiente

Puerta en Montevideo

Estaciones del año

10

Voy a aprender sobre...

- el calendario.
- las estaciones del año y el tiempo.
- los lugares para visitar.
- los mapas.

Playa Brava en Punta del Este

Mapa de Suramérica

Descubre
Uruguay

Culturas

El calendario

Los meses del año
yo te voy a decir:

enero, febrero,
marzo y abril,
mayo, junio, julio,
agosto y septiembre
seguidos por octubre,
noviembre y diciembre.

Puerta en Montevideo

¿Cuáles son los meses del año?

enero	febrero	marzo	abril
mayo	junio	julio	agosto
septiembre	octubre	noviembre	diciembre

▶ Conversa.

Los meses del año son…

Vacaciones en diciembre

Calle en Sarandí

Plaza Independencia

Playa Rocha en Montevideo

A. Escucha y repite.

diciembre

playa

ciudad

campo

B. Completa.

1. A Charlie le gustan las vacaciones en el mes de _____ .

2. A Charlie le gusta visitar la _____ .

3. A Anna le gusta visitar la _____ .

4. A María le gusta visitar el _____ .

C. Conversa con un amigo o una amiga.

• ¿Qué lugares te gusta visitar?

    Me gusta visitar...

¿Qué recuerdas?

A. Lee y escoge.

    1. ¿Qué lugar le gusta visitar a Anna?

       a. el campo   **b.** la ciudad   **c.** la playa

    2. ¿Qué lugar le gusta visitar a Charlie?

       a. el campo   **b.** la ciudad   **c.** la playa

    3. ¿Qué lugar le gusta visitar a María?

       a. el campo   **b.** la ciudad   **c.** la playa

    4. ¿Cuál es el mejor mes para visitar la playa en Uruguay?

       a. diciembre   **b.** enero   **c.** junio

B. Observa el calendario. Completa la oración.

El calendario de Anna

| domingo | lunes | martes | miércoles | jueves | viernes | sábado |

    1. Anna visita el campo  el   .

    2. Anna visita la ciudad  el   .

    3. Anna visita la playa  el   .

Ayer, hoy y mañana

A. Completa el calendario.

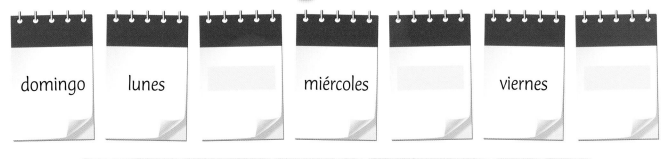

| domingo | lunes | | miércoles | | viernes | |

Ayer fue domingo. Hoy es lunes. Mañana será martes.

B. Completa la oración. Lee en voz alta.

Ayer   Hoy   Mañana

1. Ayer fue lunes. _____ es martes. Mañana será miércoles.

2. Ayer fue jueves. Hoy es viernes. _____ será sábado.

3. _____ fue martes. Hoy es miércoles. Mañana será jueves.

C. Conversa.

Ayer fue
Hoy es
Mañana será

domingo.
lunes.
martes.
miércoles.
jueves.
viernes.
sábado.

Celebraciones del año

A. Lee los meses del calendario.

Celebraciones en Uruguay

enero — febrero — marzo — abril

mayo — junio — julio — agosto

septiembre — octubre — noviembre — diciembre

B. Completa con el mes del año.

1. En _____ celebran el carnaval.

2. En _____ celebran la pascua.

3. En _____ celebran el Día de la Independencia.

4. En _____ celebran la navidad.

C. Conversa.

1. ¿Qué actividad celebran en Uruguay en febrero?
2. ¿Qué actividad celebras en tu comunidad en febrero?

Repasa

- ayer, hoy y mañana
- los días de la semana
- los meses del año

Aplica

1. Menciona los días de la semana y los meses del año.
2. Conversa sobre tu mes favorito.

   - ¿Qué lugar te gusta visitar en ese mes?
   - ¿Qué celebras ese mes?

Mi mes favorito es julio. En julio voy a playa.

¡A escribir!

Comunicación

Tema: Las vacaciones de verano

PLANIFICA

ESCRIBE

REVISA

PRESENTA

Las estaciones del año y el tiempo

Estaciones del año

¿Cuáles son las estaciones del año?

La primavera, el verano, el otoño y el invierno.

Comunidades

Cada estación del año
tiene un color;
sus colores cambian
si hay frío o calor.

La primavera, el verano,
el otoño y el invierno,
éstas son las estaciones.

¡Anótalas en tu cuaderno!

▶ Conversa.

Las estaciones del año son...

Tiempo de verano y de invierno

A. Escucha y repite.

verano

invierno

calor

frío

B. Completa.

1. En verano hace _____ .

2. En invierno hace _____ .

3. A María le gusta el _____ .

4. Al papá de María le gusta el _____ .

C. Conversa.

1. ¿Qué tiempo hace en verano?

   En verano hace...

2. ¿Qué tiempo hace en invierno?

   En invierno hace...

Las estaciones del año

A. Escucha y repite.

| pri | ma | ve | ra | primavera |

| ve | ra | no | verano |

| o | to | ño | otoño |

| in | vier | no | invierno |

B. Escucha e identifica.

1. **a.** primavera   **b.** verano   **c.** otoño   **d.** invierno

2. **a.** primavera   **b.** verano   **c.** otoño   **d.** invierno

3. **a.** primavera   **b.** verano   **c.** otoño   **d.** invierno

C. Une y conversa.

En verano
En invierno
En otoño
En primavera

hace calor.
hace frío.

D. Escucha y repite.

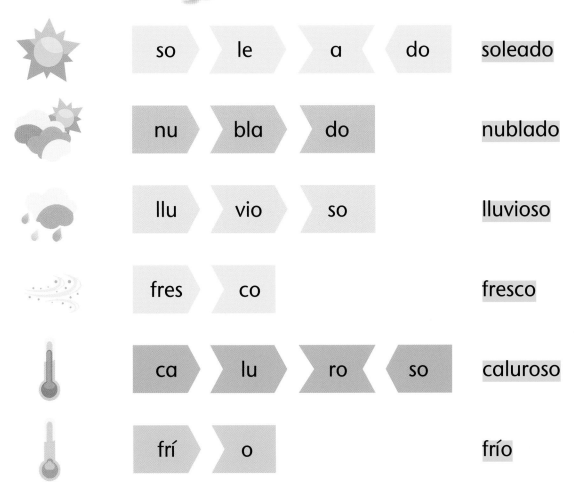

so	le	a	do		soleado
nu	bla	do			nublado
llu	vio	so			lluvioso
fres	co				fresco
ca	lu	ro	so		caluroso
frí	o				frío

E. Ordena. Lee las palabras.

1. co   fres
2. frí   o
3. lu   ca   so   ro

4. bla   do   nu
5. so   vio   llu
6. so   a   le   do

F. Une y conversa.

El tiempo está

soleado.
nublado.
lluvioso.
fresco.

¿Cómo estará el tiempo?

A. Observa la tabla y lee.

El tiempo				
lunes	martes	miércoles	jueves	viernes
soleado	nublado	lluvioso	soleado	fresco

B. Completa y lee.

1. El lunes el tiempo estará _____ .

2. El viernes el tiempo estará _____ .

3. El miércoles el tiempo estará _____ .

4. El martes el tiempo estará _____ .

5. El jueves el tiempo estará _____ .

C. Conversa.

1. ¿Qué día es hoy?

2. ¿Cómo está el tiempo hoy: soleado, nublado o lluvioso?

3. ¿Cómo estará el tiempo mañana?

> Hoy el tiempo está lluvioso.

Repasa

- las estaciones del año
- el tiempo

Aplica

1. Menciona las cuatro estaciones del año.
2. Describe qué tiempo hace durante el verano y el invierno.

En verano hace calor.

¡A escribir!

Comunicación

Tema: Las vacaciones de verano

PLANIFICA

ESCRIBE

REVISA

PRESENTA

Lugares para visitar

Comunicación

En el verano
me gusta visitar
el lago y el río
y nadar en el mar.

En el invierno
me gusta visitar
el campo y la montaña
y por la ciudad caminar.

En el verano me gusta visitar el río.

En el invierno me gusta visitar el campo.

Conversa.

En el verano me gusta visitar...

En el invierno me gusta visitar...

Playa Brava en Punta del Este

Los viajes de María

En la primavera María viajó al campo
y a la montaña.
Primero, María viajó al campo en tren.
Después, María viajó a la montaña
en autobús.

En el verano María viajó al lago,
al río y al mar.
Primero, María viajó al lago en carro.
Después, María viajó al río en bicicleta.
Luego, María navegó por el mar
en un barco.

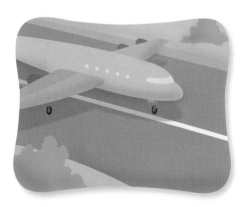

En el otoño María viajó a la
ciudad en avión.

En el invierno María no viajó.

A. Escucha y repite.

montaña

lago

río

mar

En la primavera María viajó…

B. Completa.

1. María viajó a la _____ en la primavera.

2. María navegó por el _____ .

3. María viajó al _____ en carro.

4. María viajó al _____ en bicicleta.

C. Conversa.

1. ¿A dónde viajó María en la primavera?

2. ¿A dónde viajó María en el verano?

3. ¿A dónde viajó María en el otoño?

¡A viajar!

A. Escucha y repite.

En diciembre yo viajé a la montaña.

En junio yo viajé a la ciudad.

B. Completa la oración.

1. En junio Charlie viajó _____ .

a la ciudad

al campo

al río

2. En diciembre Anna viajó _____ .

al lago

al mar

a la montaña

C. Conversa.

Yo viajé a...

D. Escucha y repite.

En enero yo viajé en bicicleta.

En agosto yo viajé en barco.

E. Completa la oración.

1. En agosto Charlie viajó en _____ .

carro

barco

tren

2. En enero Anna viajó en _____ .

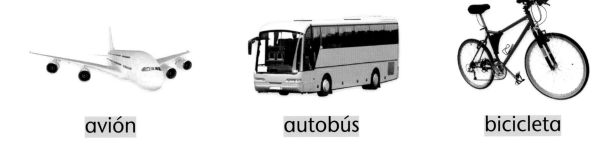

avión

autobús

bicicleta

F. Conversa.

Yo viajé en...

Lugares para visitar

A. Lee.

Lugares para visitar	Medios de transporte
el mar Océano Atlántico	barco
la ciudad Montevideo	autobús
el campo campo en Cardona	carro
el río Río de la Plata	avión
el lago Lago en Tacuarembó	bicicleta

B. Completa la tabla con información sobre tu comunidad.

Lugares para visitar	Medios de transporte

C. Conversa.

- ¿Cómo puedes viajar en Uruguay y en tu comunidad?

Repasa

- lugares para visitar
- medios de transporte

Aplica

1. Menciona tres lugares que quieres visitar.
2. Explica cómo puedes viajar a los lugares que quieres visitar.

Yo quiero visitar la ciudad y el campo.

¡A escribir!

Comunicación

Tema: Las vacaciones de verano

PLANIFICA   ESCRIBE   REVISA   PRESENTA

Los mapas y el tiempo

URUGUAY

URUGUAY

Yo tengo un mapa en el que puedo ver dónde está el país que quiero conocer.

Aquí yo puedo ver dónde están el mar, el campo y la ciudad que quiero visitar.

Mapa de Suramérica

En el mapa puedo ver dónde está mi país.

En el mapa puedo ver dónde está el mar.

▶ Conversa.

En el mapa puedo ver dónde está…

El informe del tiempo

El tiempo

Fecha: lunes, 11 de abril

Ecuador

Bolivia

Uruguay

En Uruguay hace calor. El día está soleado.

En Bolivia hace frío. El día está nublado.

En Ecuador hace fresco. El día está lluvioso.

Uruguay   Bolivia   Ecuador

A. Escucha y repite.

mapa

Uruguay

Bolivia

Ecuador

B. Completa.

1. El _____ muestra dónde están los países.

2. En _____ el día está nublado.

3. En _____ el día está soleado.

4. En _____ el día está lluvioso.

C. Conversa.

1. ¿Qué muestra el mapa?

2. ¿Qué tiempo hace en Uruguay?

3. ¿Qué tiempo hace en Bolivia?

4. ¿Qué tiempo hace en Ecuador?

En Uruguay hace calor.

El tiempo en Uruguay

A. Observa el mapa.

B. Completa el informe del tiempo.

En el campo, el día está _____ .

En la playa, el día está _____ .

En la ciudad, el día está _____ .

C. Une y conversa.

En el campo hace	frío.
En la playa hace	calor.
En la ciudad hace	

D. Escucha y repite.

Yo **tengo** frío.
Tú **tienes** frío.
Nosotros **tenemos** frío.

Ella **tiene** calor.
Ellos **tienen** calor.

E. Une.

1. Tú

2. Mi hermano y yo

3. Los niños

4. Yo

5. La señora

a. tengo frío.

b. tienes calor.

c. tiene frío.

d. tienen calor.

e. tenemos frío.

F. Conversa.

1. ¿Tienes frío o calor?

2. ¿Tienen frío o calor tus amigos?

El tiempo en mi comunidad

A. Lee.

Yo soy meteorólogo.
Yo estudio el tiempo.

En Uruguay hace frío durante los meses de junio, julio y agosto.

En Uruguay hace calor durante los meses de diciembre, enero y febrero.

B. Identifica.

1. Identifica los meses de calor en Uruguay.

enero	abril	julio	octubre
febrero	mayo	agosto	noviembre
marzo	junio	septiembre	diciembre

2. Identifica los meses de calor en tu comunidad.

enero	abril	julio	octubre
febrero	mayo	agosto	noviembre
marzo	junio	septiembre	diciembre

C. Completa la oración. Lee en voz alta.

1. En mi comunidad los meses de calor son...
2. En mi comunidad los meses de frío son...

Repasa

- el calendario
- las estaciones del año y el tiempo
- los lugares para visitar y los medios de transporte
- los mapas

Aplica

▶ Conversa sobre las estaciones del año y el tiempo en tu comunidad.

1. ¿Cuáles son las estaciones del año?
2. ¿Qué tiempo hace durante cada estación?
3. ¿Qué lugares te gusta visitar cuando hace calor?
4. ¿Cómo viajas a esos lugares?

¡A escribir!

Comunicación

Tema: Las vacaciones de verano

PLANIFICA   ESCRIBE   REVISA

PRESENTA

¿Cómo funciona?

Tienda de aparatos electrónicos

Laboratorio de computadoras

Voy a aprender sobre...

- los aparatos electrónicos.
- cómo se usan los aparatos electrónicos.
- las herramientas de trabajo.
- cómo cambian los aparatos electrónicos.

Salón de clases

Aparatos electrónicos

Descubre
Puerto Rico

Culturas

Los aparatos electrónicos

¿Qué es eso?

Eso es un teléfono celular, un aparato electrónico que se usa para hablar.

Tienda de aparatos electrónicos

Eso es un teléfono celular.

Eso es una computadora.

▶ Conversa.

Eso es…

Las cámaras

Lucas: ¿Qué es eso?

Papá: Eso es una cámara. La cámara es un aparato electrónico.

Lucas: ¿Para qué usas una cámara?

Papá: Uso una cámara para tomar fotos de lugares bonitos.

Lucas: ¿Es esa cámara fácil de usar?

Papá: No. Esa cámara no es fácil de usar.

Papá: ¿Para qué usas esa cámara?

Lucas: Yo uso esta cámara para tomar fotos del carnaval.

Papá: ¿Es esa cámara fácil de usar?

Lucas: Sí, esta cámara es fácil de usar.

A. Escucha y repite.

cámara

fotos

lugar

carnaval

B. Completa.

1. Lucas usa una cámara para tomar _____ .

2. El papá de Lucas toma fotos de un _____ muy bonito.

3. Lucas toma fotos de un _____ .

4. La _____ de Lucas es fácil de usar.

C. Conversa con un amigo o una amiga.

- Señala la cámara de Lucas y pregunta:

    1. ¿Qué es eso?

        Eso es...

    2. ¿Para qué usas una cámara?

        Yo uso una cámara para...

¿Qué recuerdas?

A. Escoge las palabras que completan la oración.

1. El diálogo habla sobre…

   a. teléfonos.   b. cámaras.   c. videojuegos.

2. Lucas usa una cámara para…

   a. visitar lugares.   b. bailar en el carnaval.   c. tomar fotos.

B. ¿Cierto o falso?

1. El papá de Lucas toma fotos de lugares bonitos.
2. La cámara de Lucas es difícil de usar.
3. Lucas toma fotos del carnaval.
4. La cámara del papá de Lucas es fácil de usar.

C. Une la pregunta y la respuesta.

| ¿Qué es eso? | Se usa para tomar fotos. |

| ¿Para qué se usa? | Eso es una cámara. |

¿Qué es?

A. Escucha y repite.

¿Qué es eso?

Eso es un televisor.

¿Qué es esto?

Esto es un teléfono celular.

B. Observa las imágenes. Completa los diálogos.

eso   esto

¿Qué es _____?

_____ es una computadora.

¿Qué es _____?

_____ es un videojuego.

La computadora

A. Escucha y repite.

¿Para qué usas la computadora?

Yo uso la computadora para jugar.

Mi papá usa la computadora para trabajar.

Muchas personas en Puerto Rico usan las computadoras para trabajar y estudiar.

B. Une y conversa.

Yo uso la cámara ▫	▫ para hablar.
Yo uso el teléfono ▫	▫ para jugar.
Yo uso la computadora ▫	▫ para tomar fotos.

C. Conversa con un amigo o una amiga.

1. ¿Para qué usan las computadoras las personas en Puerto Rico?

   En Puerto Rico las personas usan las computadoras…

2. ¿Para qué usas tú la computadora?

   Yo uso la computadora…

Repasa

- qué son los aparatos electrónicos
- para qué se usan los aparatos electrónicos

Aplica

1. Dibuja dos aparatos electrónicos.

2. Señala un aparato electrónico y pregunta qué es.

3. Señala un aparato electrónico y explica para qué se usa.

4. Toma un útil escolar. Explica qué es y para qué se usa.

Esto es un lápiz.
El lápiz se usa para escribir.

¡A escribir!

Comunicación

Tema: Las computadoras

PLANIFICA   ESCRIBE   REVISA   PRESENTA

¿Cómo se usan?

Tú debes cuidar
la computadora.

¡No la debes descuidar!
Porque si la descuidas
se daña fácilmente.

¡Sí, se daña fácilmente!
Usa con cuidado la computadora.

Usa con cuidado la computadora.

¡No la descuides!

¡Ten mucho cuidado!

Comunidades

Yo cuido las cosas

Laboratorio de computadoras

¡Hola! Yo soy Bea.
Yo cuido la computadora.

Yo cuido el teléfono.

▶ Conversa.

Yo cuido...

Reglas del laboratorio de computadoras

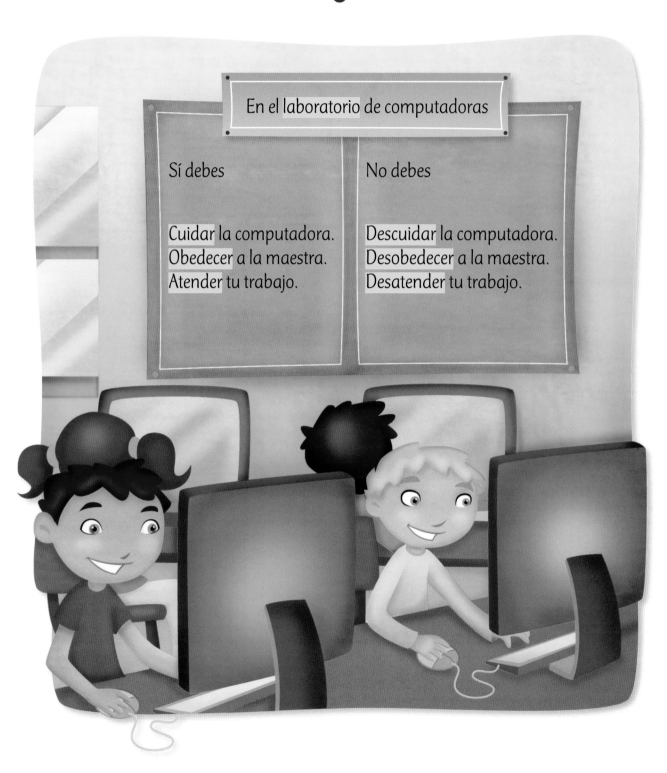

En el laboratorio de computadoras

Sí debes

Cuidar la computadora.
Obedecer a la maestra.
Atender tu trabajo.

No debes

Descuidar la computadora.
Desobedecer a la maestra.
Desatender tu trabajo.

A. Escucha y repite.

cuidar

descuidar

atender

desatender

B. Completa.

1. Los estudiantes deben _____ su trabajo.

2. Es importante _____ las computadoras.

3. Los estudiantes no deben _____ su trabajo.

4. Los estudiantes no deben _____ las computadoras.

C. Conversa con un amigo o una amiga.

1. ¿Qué debes hacer en el laboratorio de computadoras?

     Yo debo...

2. ¿Qué no debes hacer en el laboratorio de computadoras?

     Yo no debo...

Yo debo atender mi trabajo.

¡Así se usan las cosas!

A. Escucha y repite las palabras.

cuidar

hacer

armar

descuidar

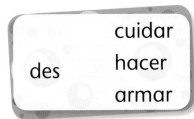
deshacer

desarmar

B. Construye palabras.

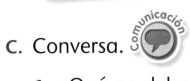

des

cuidar

hacer

armar

C. Conversa.

1. ¿Qué no debes descuidar?

   Yo no debo descuidar...

2. ¿Cuál es el opuesto de *hacer*?

   El opuesto de *hacer* es...

3. ¿Te gusta armar o desarmar cosas?

   A mí me gusta...

D. Escucha y repite.

rápidamente

fácilmente

felizmente

lentamente

difícilmente

tristemente

E. Completa.

| rápidamente | lentamente | felizmente | fácilmente |

1. La niña escribe rápido en la computadora.
   La niña escribe _____ .

2. La cámara es fácil de usar. La cámara se usa _____ .

3. El niño se siente feliz cuando juega. El niño juega _____ .

4. El estudiante camina lento por la escuela. El estudiante camina _____ .

¿Rápido o lento?

A. Escucha y repite las oraciones.

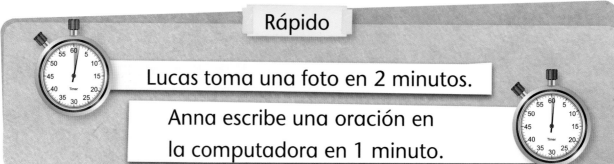

Rápido

Lucas toma una foto en 2 minutos.

Anna escribe una oración en la computadora en 1 minuto.

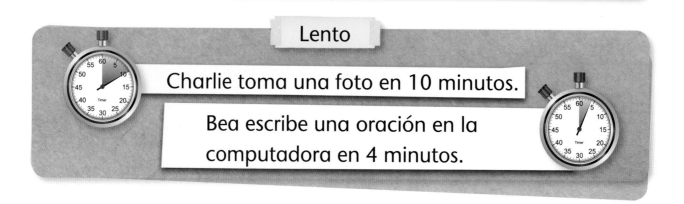

Lento

Charlie toma una foto en 10 minutos.

Bea escribe una oración en la computadora en 4 minutos.

B. ¿Cierto o falso?

1. Lucas es más rápido que Charlie.
2. Lucas es más lento que Charlie.
3. Anna es más lenta que Bea.
4. Anna es más rápida que Bea.

C. Conversa con un amigo o una amiga.

1. ¿Cómo toma Lucas una foto, rápidamente o lentamente?
2. ¿Cómo toma Charlie una foto, rápidamente o lentamente?
3. ¿Cómo escribe Bea en la computadora, rápidamente o lentamente?

Repasa

- cómo se usan los aparatos electrónicos

Aplica

1. Menciona un aparato electrónico que debes usar con cuidado.

2. Imagina que usas una computadora, una cámara y un teléfono.

   - ¿Qué aparato electrónico usas fácilmente?
   - ¿Qué aparato electrónico usas rápidamente?

Yo uso la computadora rápidamente.

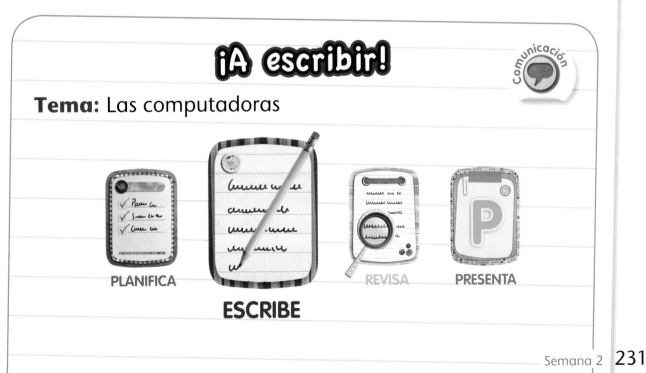

¡A escribir!

Comunicación

Tema: Las computadoras

PLANIFICA

ESCRIBE

REVISA

PRESENTA

Las herramientas de trabajo

Yo uso un libro y una computadora para enseñar, y les digo a los estudiantes cuánto deben estudiar.

¿Quién soy?

Yo uso un camión y un teléfono para trabajar. Si hay un fuego o una emergencia, pronto me deben llamar.

¿Quién soy?

Yo soy maestro. Yo uso un libro y una computadora.

Yo soy bombero. Yo uso un camión y un teléfono.

▷ Conversa.

El maestro usa...

El bombero usa...

Salón de clases

Los trabajadores de la comunidad

Lucas y sus amigos aprenden sobre los trabajadores
de la comunidad.

Para aprender, ellos leen libros sobre las profesiones.

Lucas aprende que el bombero apaga fuegos.

Charlie aprende que el médico cura a los enfermos.

Anna aprende que el cartero entrega cartas.

Bea aprende que el arquitecto diseña edificios.

Lucas y sus amigos aprenden que todas las profesiones
son importantes.

A. Escucha y repite.

bombero

médico

cartero

arquitecto

B. Completa.

1. El _____ entrega cartas.

2. El _____ apaga fuegos.

3. El _____ diseña edificios.

4. El _____ cura a enfermos.

C. Conversa con un amigo o una amiga.

1. ¿Qué hace el bombero?
2. ¿Qué hace el médico?
3. ¿Qué hace el cartero?
4. ¿Qué hace el arquitecto?

Las profesiones

A. Escucha y repite.

¿Qué hace el bombero?

El bombero apaga
los fuegos.

¿Qué hace la policía?

La policía protege
la comunidad.

¿Qué hace el cartero?

El cartero entrega
las cartas.

B. Une y lee en voz alta.

1. El bombero...   protege la comunidad.

2. El cartero...   apaga los fuegos.

3. La policía...   entrega las cartas.

236 Unidad 7

C. Lee y repite las oraciones.

El bombero usa un camión,
una computadora y un teléfono celular.

El policía usa un carro, un radio
y una computadora.

La periodista usa una cámara,
un teléfono celular y una computadora.

D. Completa las oraciones.

1. La maestra usa una .

2. El arquitecto usa una

   y un .

3. La periodista usa una ,

   una y un .

Profesionales puertorriqueños

A. Escucha y repite.

El señor Ortiz es dentista.
Él cuida los dientes de las personas.

La señora Rivera es maestra.
Ella enseña español a los estudiantes.

El señor Acosta es arquitecto.
Él diseña edificios.

La señora López es escritora.
Ella escribe libros.

B. Une. Lee las oraciones en voz alta.

1. La señora Rivera   a. escribe libros.
2. El señor Acosta   b. diseña edificios.
3. La señora López   c. enseña a los estudiantes.
4. El señor Ortiz   d. cuida los dientes de las personas.

C. Conversa con un amigo o una amiga.

1. ¿Qué hacen los trabajadores de Puerto Rico?
2. ¿Qué hacen los trabajadores de tu comunidad?

Repasa

- las profesiones
- las herramientas de trabajo
- qué hacen los trabajadores

Aplica

1. Menciona tres profesiones.

2. Explica qué hacen las personas de esas profesiones.

3. Menciona qué herramientas de trabajo usan las personas de esas profesiones.

El policía protege la comunidad. Él usa un radio...

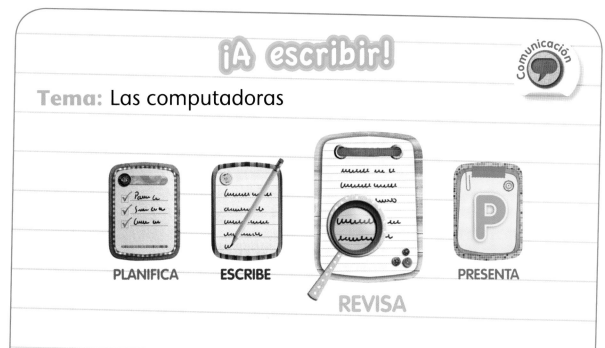

¡A escribir!

Tema: Las computadoras

PLANIFICA ESCRIBE REVISA PRESENTA

¿Cómo cambian?

Las cosas cambiaron con el tiempo.

¡Tú lo puedes observar!

Cambió el radio y el teléfono.

Cambió el televisor y el celular.

El radio ahora es más pequeño.

El teléfono es más fácil de usar.

El televisor ahora es más grande
y el teléfono celular más popular.

Comunicación

El televisor es más grande.

El teléfono es más fácil de usar.

El radio es más pequeño.

Aparatos electrónicos

▶ Conversa.

El televisor es...

El teléfono es...

Un juego de computadora

Me gusta jugar y hacer tareas en la computadora.

Mamá dice que las computadoras cambiaron mucho.

Antes las computadoras eran grandes y difíciles de usar.

Ahora las computadoras son pequeñas y fáciles de usar.

¡Usar computadoras es divertido!

A. Escucha y repite.

Antes

Ahora

B. Completa.

1. _____ la computadora es pequeña.

2. _____ la computadora era grande.

3. _____ la computadora es fácil de usar.

4. _____ la computadora era difícil de usar.

C. Conversa.

1. ¿Cómo eran las computadoras antes?

Antes las computadoras eran…

2. ¿Cómo son las computadoras ahora?

Ahora las computadoras son…

¿Qué hacen?

A. Escucha y repite.

Yo **hago** la tarea en la computadora.

Tú **haces** la tarea en la computadora.

Nosotros **hacemos** la tarea en la computadora.

Él **hace** el trabajo en la computadora.

Ellos **hacen** el trabajo en la computadora.

Ustedes **hacen** el trabajo en la computadora.

B. Completa.

1. Mis amigos _____ la tarea en una computadora pequeña.

2. Tú _____ la tarea en una computadora pequeña.

3. El señor _____ el trabajo en una computadora grande.

C. Conversa.

Yo	hago	
Tú	haces	
Él / Ella	hace	la tarea en la computadora.
Ellos / Ellas	hacen	el trabajo en la computadora.
Nosotros	hacemos	

D. Escucha y repite.

¿Cómo es la computadora?

La computadora
es pequeña.

¿Cómo son las computadoras?

Las computadoras
son pequeñas.

E. Observa las imágenes. Escoge la respuesta correcta.

1. ¿Cómo es el televisor?

a. El televisor es grande.
b. Los televisores son grandes.

2. ¿Cómo son los radios?

a. El radio es pequeño.
b. Los radios son pequeños.

3. ¿Cómo es el teléfono?

a. El teléfono es fácil de usar.
b. Los teléfonos son fáciles de usar.

¿Cómo eran?

A. Escucha y repite.

¿Cómo **era** el teléfono celular?   ¿Cómo **eran** los teléfonos celulares?

El teléfono celular
era grande.

Los teléfonos celulares
eran grandes.

B. Completa. Lee en voz alta.

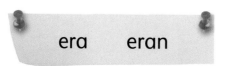

era   eran

Antes, en Puerto Rico muy pocas personas usaban el teléfono.

1. Las computadoras _____ lentas.

2. El teléfono celular _____ grande.

3. Los teléfonos _____ difíciles de usar.

4. El radio _____ grande.

C. Conversa con un amigo o una amiga.

1. ¿Usan teléfonos celulares las personas de tu comunidad?

2. ¿Cómo son los teléfonos celulares? ¿Son grandes o pequeños?

3. ¿Sabes el número de teléfono celular de un familiar?

Repasa

- qué es un aparato electrónico y para qué se usa
- cómo se usan los aparatos electrónicos
- las herramientas de trabajo
- cómo cambian los aparatos electrónicos

Aplica

1. Menciona a dos profesionales y di cuáles son sus herramientas de trabajo.

2. Menciona dos cosas que puedes hacer con una computadora.

Antes los teléfonos celulares eran…

3. Conversa sobre cómo han cambiado las computadoras y los teléfonos celulares.

   - ¿Cómo eran antes?
   - ¿Cómo son ahora?

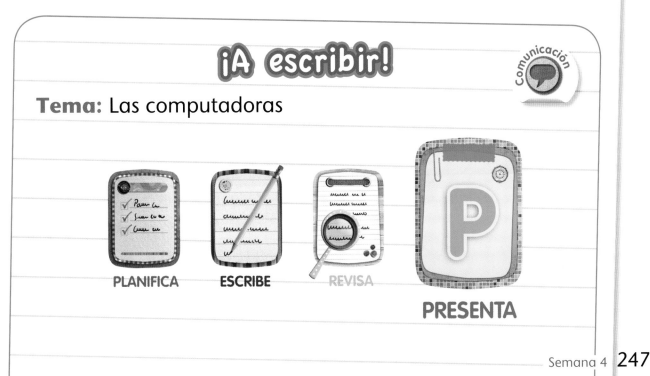

¡A escribir!

Comunicación

Tema: Las computadoras

PLANIFICA ESCRIBE REVISA

PRESENTA

Nuestras celebraciones

Comedor de una casa

Celebración del Día de los Muertos

Voy a aprender sobre...

- las celebraciones familiares.
- las celebraciones de la comunidad.
- las celebraciones del país.
- las celebraciones con amigos.

Desfile

Sala de una casa

Descubre
Guatemala

Celebraciones familiares

Comedor de una casa

Feliz cumpleaños, Roberto.

Cumpleaños feliz.

Cumpleaños feliz.

Feliz cumpleaños, Roberto.

Cumpleaños feliz.

Ya queremos pastel.

Ya queremos pastel.

Aunque sea un pedacito, pero queremos pastel.

▶ Conversa.

Feliz cumpleaños...

La fiesta de quince años

En abril, mi hermana cumplió quince años. Ella celebró su cumpleaños con una fiesta en la plaza.

Ésta es una foto de la fiesta de mi hermana Carolina.

¡Ella estaba muy hermosa!

La fiesta de quince años fue una celebración muy especial para toda la familia.

En la fiesta, mi hermana desfiló con 14 niñas. ¡Yo desfilé con ellas!

A. Escucha y repite.

familia

fiesta

foto

desfile

B. Completa.

1. Una _____ es una celebración muy divertida.

2. Carolina celebró una fiesta con su _____ y amigos.

3. Laura y otras niñas caminaron en el _____ .

4. Carolina está muy hermosa en la _____ de su fiesta.

C. Conversa.

• ¿Cómo es una fiesta de quince años?

Una fiesta de quince años…

¿Qué recuerdas?

A. Lee y escoge la respuesta correcta.

1. ¿Qué es una fiesta de quince años?
   a. una celebración de cumpleaños
   b. un viaje de verano
   c. un grupo de niños
   d. un desfile de alumnos

2. ¿Cuándo celebró su fiesta Carolina?
   a. en enero
   b. en abril
   c. en septiembre
   d. en diciembre

3. ¿Dónde celebró su fiesta Carolina?
   a. en el salón de clases
   b. en la panadería
   c. en la tienda de ropa
   d. en la plaza

B. ¿Cierto o falso?

1. Carolina celebró su fiesta de quince años.
2. Carolina desfiló con su hermana Laura.
3. A la familia de Carolina no le gustan las fiestas.
4. Carolina estaba hermosa el día de su fiesta.

Calendario de celebraciones

A. Observa el calendario de celebraciones.

Cumpleaños de Laura	lunes, 4 de enero
Cumpleaños de Carolina	sábado, 10 de abril
Cumpleaños de abuelo	miércoles, 2 de junio
Cumpleaños de papá	domingo, 8 de agosto
Cumpleaños de mamá	martes, 7 de septiembre
Cumpleaños de abuela	viernes, 5 de noviembre

B. Completa con el día de la semana. Lee en voz alta.

1. Laura celebra su cumpleaños el _____ .
2. Carolina celebra su cumpleaños el _____ .
3. Papá celebra su cumpleaños el _____ .
4. Mamá celebra su cumpleaños el _____ .

C. Completa. Lee en voz alta.

1. Laura celebra su cumpleaños en el mes de _____ .
2. Abuelo celebra su cumpleaños en el mes de _____ .
3. Papá celebra su cumpleaños en el mes de _____ .
4. Abuela celebra su cumpleaños en el mes de _____ .

D. Conversa.

• ¿Cuándo celebras tu cumpleaños?

Yo celebro mi cumpleaños...

Lugares para celebrar

A. Observa la tabla.

Celebraciones de cumpleaños

¿Quién?		¿Dónde?	
Laura		el parque	
Carolina		la plaza	
El papá		la casa	
La mamá		el restaurante	

B. Completa.

1. Laura celebró su cumpleaños en _____ .
2. La mamá de Laura celebró su cumpleaños en _____ .
3. Carolina celebró su cumpleaños en _____ .
4. El papá de Laura celebró su cumpleaños en _____ .

C. Conversa.

1. ¿En qué lugares celebran los cumpleaños en Guatemala?
2. ¿En qué lugares celebran los cumpleaños en tu comunidad?

Repasa

- las celebraciones de cumpleaños
- la familia
- el calendario
- los lugares para celebrar

Mi papá y mi mamá celebran mi cumpleaños.

Aplica

1. Menciona los días de la semana y los meses del año.

2. Menciona lugares de la comunidad para celebrar fiestas.

3. Conversa sobre tu cumpleaños.

   - ¿Quiénes celebran tu cumpleaños?

¡A escribir!

Comunicación

Tema: Mis celebraciones favoritas

PLANIFICA   ESCRIBE   REVISA   PRESENTA

Celebraciones de la comunidad

Celebración del Día de los Muertos

Comunicación

En esta fiesta hay música alegre.

En esta fiesta hay mucha comida.

Conexiones

Hoy yo celebro con mis amigos, mis hermanos y mi papá.

En esta fiesta hay música alegre y mucha comida.

¡Qué buena está!

▶ Conversa.

En esta fiesta hay...

El Día de los Muertos

¿Qué celebran?

Celebramos el Día de los Muertos.

Me gusta oír la música.

Me gusta ver el baile.

Me gusta comer la comida.

Los barriletes son hermosos.

¡Y este pan es delicioso!

A. Escucha y repite.

barriletes

música

comida

baile

B. Completa.

1. A Anna le gusta oír la _____ .

2. A Laura le gusta ver el _____ .

3. A Charlie le gusta comer la _____ .

4. Los _____ son muy hermosos.

C. Conversa.

1. ¿Qué te gusta?

   Me gusta...

2. ¿Cómo son los barriletes?

   Los barriletes son...

Formas de celebrar

A. Escucha y repite.

 | mú | si | ca | música

  | co | mi | da | comida

 | ma | rim | ba | marimba

 | ba | rri | le | te | barrilete

B. Une y conversa.

| Me gusta… | el barrilete.
la marimba. |

| La música…
La comida… | es deliciosa.
es alegre. |

C. Escucha y repite.

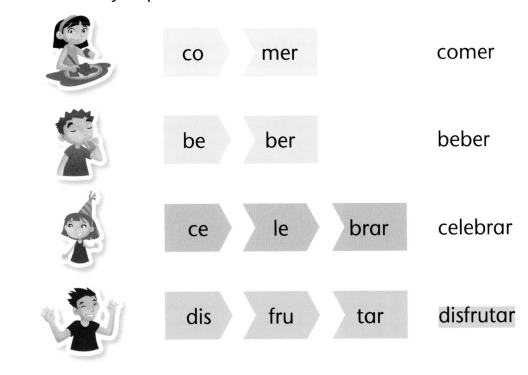

co	mer		comer
be	ber		beber
ce	le	brar	celebrar
dis	fru	tar	disfrutar

D. Ordena las letras.

1. ber   be

2. mer   co

3. fru   tar   dis

4. ce   brar   le

E. Une y conversa.

En la fiesta

puedo
puedes
pueden
podemos

comer.
beber.
celebrar.
disfrutar.

Barriletes gigantes

A. Escucha y repite.

En Guatemala hacen
barriletes hermosos.
Los barriletes tienen figuras
y colores diferentes.

cuadrado rojo

círculo azul

triángulo amarillo

B. Completa las oraciones.

1. El barrilete tiene triángulos de color _____ .

2. El barrilete tiene cuadrados de color _____ .

3. El barrilete tiene círculos de color _____ .

4. El barrilete tiene un _____ de color rojo.

5. El barrilete tiene un _____ de color azul.

6. El barrilete tiene un _____ de color amarillo.

C. Conversa.

1. ¿Qué figuras tiene el barrilete?

2. ¿Qué colores tiene el barrilete?

Repasa

- las celebraciones de la comunidad

- las formas de celebrar

- las figuras y los colores

Aplica

1. Conversa sobre las celebraciones de la comunidad en Guatemala.

   a. ¿Qué usan para celebrar?

   b. ¿Qué hacen para celebrar?

2. Describe un barrilete de Guatemala.

En Guatemala usan la marimba para celebrar.

¡A escribir!

Tema: Mis celebraciones favoritas

PLANIFICA

ESCRIBE

REVISA

PRESENTA

Comunicación

Celebraciones del país

El Día de la Independencia yo voy a disfrutar.

Con banderas y canciones yo voy a celebrar.

semana
3

Yo voy a celebrar.

Yo voy a disfrutar.

Desfile

▷ Conversa.

Yo voy a...

267

El Día de la Independencia

Charlie: ¿Qué hacen los niños?

Anna: Los niños desfilan para celebrar el Día de la Independencia.

Charlie: ¿Por qué cantan y llevan banderas de Guatemala los niños?

Anna: Porque hoy es un día importante para su país.

Charlie: ¡Me gusta celebrar los días importantes!

A. Escucha y repite.

bandera

país

desfilan

cantan

B. Completa.

1. Guatemala es un _____ .

2. Los niños _____ una canción de su país.

3. Laura lleva una _____ de Guatemala.

4. Los niños _____ para celebrar el Día de la Independencia.

C. Conversa.

• ¿Qué hacen los niños el Día de la Independencia en Guatemala?

    El Día de la Independencia, los niños...

¡Así escribe Laura!

A. Escucha y repite.

Laura escribe oraciones declarativas para dar información.

El Día de la Independencia se celebra el quince de septiembre.

Laura escribe oraciones interrogativas para preguntar.

¿Te gusta celebrar el Día de la Independencia?

A Laura le gusta escribir oraciones exclamativas.

¡Las celebraciones son divertidas!

B. Une y compara las oraciones.

1. A Laura le gustan	a. las celebraciones!
2. ¿Te gustan	b. las celebraciones.
3. ¡A mí me gustan	c. las celebraciones?

C. Completa. Escribe el signo de puntuación.

.   ¡!   ¿?

1. Laura celebra el Día de la Independencia

2.   El desfile es divertido

3.   Qué celebras

4.   Por qué tienes una bandera

5. Ésta es la bandera de Guatemala

6.   Es una bandera hermosa

D. Completa la oración.

1. El Día de la Independencia   .

2. ¿Te gusta   ?

3. ¡   es divertida!

Celebraciones en varios países

A. Lee y compara.

El Día de la Independencia

País	Fecha
Bolivia	6 de agosto
Uruguay	25 de agosto
Guatemala	15 de septiembre
México	16 de septiembre

B. Contesta las preguntas.

1. ¿Cuándo se celebra el Día de la Independencia en Guatemala?
2. ¿Cuándo se celebra el Día de la Independencia en Uruguay?
3. ¿Cuándo se celebra el Día de la Independencia en Bolivia?
4. ¿Cuándo se celebra el Día de la Independencia en México?

C. Completa una tabla con información sobre el Día de la Independencia en tu país.

País	Fecha	Cómo celebramos

D. Conversa.

1. ¿En qué se parecen las celebraciones del Día de la Independencia en Guatemala y en tu país?
2. ¿En qué se diferencian?

Repasa

- las celebraciones del Día de la Independencia

Aplica

1. Menciona cómo celebran los niños en Guatemala.

2. Conversa sobre las celebraciones del Día de la Independencia.

Los niños celebran el Día de la Independencia con desfiles.

¡A escribir!

Tema: Mis celebraciones favoritas

Comunicación

PLANIFICA   ESCRIBE   REVISA   PRESENTA

Celebraciones con amigos

Soy de color rojo.

Me hizo un niño.

Soy un regalo del Día del Cariño.

¿Qué soy?

Comunicación

Sala de una casa

▶ Conversa.

Mi regalo es...

Un anuncio informativo

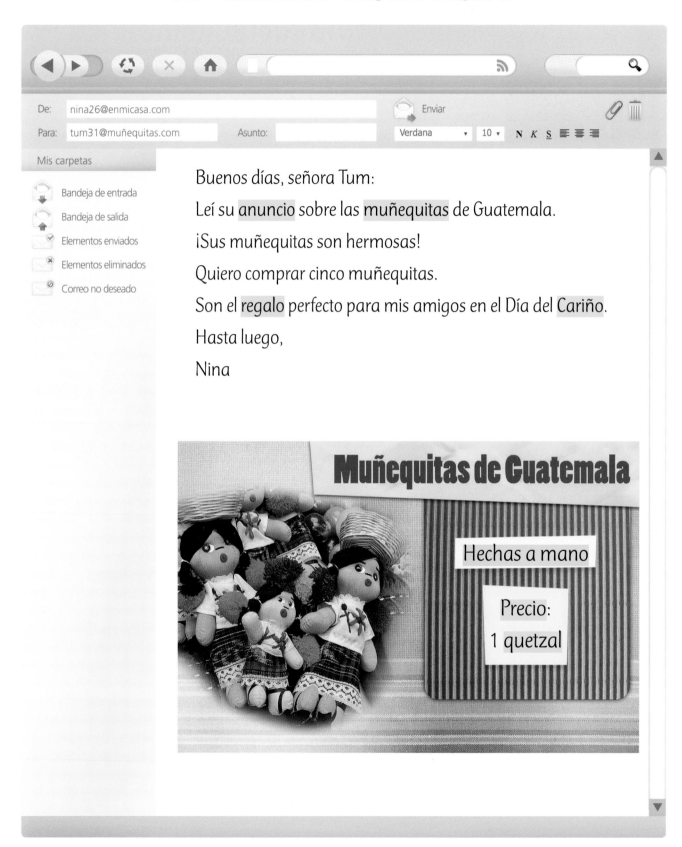

De: nina26@enmicasa.com

Para: tum31@muñequitas.com   Asunto:

Verdana ▾ 10 ▾ N *K* <u>S</u>

Enviar

Mis carpetas

- Bandeja de entrada
- Bandeja de salida
- Elementos enviados
- Elementos eliminados
- Correo no deseado

Buenos días, señora Tum:

Leí su anuncio sobre las muñequitas de Guatemala.

¡Sus muñequitas son hermosas!

Quiero comprar cinco muñequitas.

Son el regalo perfecto para mis amigos en el Día del Cariño.

Hasta luego,

Nina

Muñequitas de Guatemala

Hechas a mano

Precio:
1 quetzal

A. Escucha y repite.

regalo

muñequitas

quetzal

anuncio

B. Completa.

1. Las _____ son hermosas.

2. Las muñequitas son un buen _____ .

3. Puedes leer información sobre las muñequitas en un _____ informativo.

4. El precio de las muñequitas es 1 _____ .

C. Conversa.

1. ¿Qué información tiene el anuncio?

   El anuncio tiene información sobre...

2. ¿Cómo son las muñequitas de Guatemala?

   Las muñequitas son...

Mis celebraciones

A. Escucha y repite.

Ayer yo **celebré**
el Día del Cariño.
Hoy yo **celebro**
el cumpleaños de Laura.
Mañana yo **celebraré**
el cumpleaños de Charlie.

B. Observa el calendario. Completa la oración.

celebré   celebro   celebraré

1. Hoy yo _____ el Día de la Independencia.

2. Ayer yo _____ mi cumpleaños.

3. Mañana yo _____ el Día del Cariño.

4. El miércoles yo _____ mi cumpleaños.

5. El viernes yo _____ el Día del Cariño.

C. Escucha y repite.

ayer		Ayer mis amigos celebraron con un desfile.
hoy		Hoy celebran con un pastel.
mañana		Mañana celebrarán con un baile.

D. Observa el calendario. Completa las oraciones.

ayer   hoy   mañana

celebraron   celebran   celebrarán

1. Ayer _____ la fiesta de quince años con un baile.

2. Hoy _____ el Día del Cariño con corazones.

3. Mañana _____ el cumpleaños de Anna con un pastel.

E. Conversa.

1. ¿Cuál es la celebración favorita de tus amigos?

2. ¿Cómo celebran tus amigos?

¿Qué se celebra?

A. Escucha y repite.

¿Qué se celebra el 14 de febrero?
El 14 de febrero se celebra el
Día del Cariño.

 ¿Cómo se celebra el Día del Cariño?
Se celebra regalando corazones.

¿Qué se celebra el 1 de noviembre?
 El 1 de noviembre se celebra el
Día de los Muertos.

 ¿Cómo se celebra el Día de los Muertos?
Se celebra decorando barriletes.

B. Conversa con un amigo o una amiga sobre las celebraciones en tu comunidad.

1. ¿Qué se celebra el 14 de febrero?
2. ¿Cómo se celebra el 14 de febrero?
3. ¿Qué se celebra el 1 de noviembre?
4. ¿Cómo se celebra el 1 de noviembre?

Repasa

- las celebraciones familiares
- las celebraciones de la comunidad
- las celebraciones del país
- las celebraciones con amigos

Aplica

1. Busca información sobre las celebraciones de tu comunidad.

2. Conversa sobre tu celebración favorita.

- ¿Qué se celebra?
- ¿Cuándo se celebra?
- ¿Cómo se celebra?

Mi celebración favorita es el Día de la Independencia.

¡A escribir!

Comunicación

Tema: Mis celebraciones favoritas

PLANIFICA   ESCRIBE   REVISA

PRESENTA

Anna y Charlie regresan a su casa en los Estados Unidos.

Anna y Charlie miran su
álbum de recuerdos.

Mapa de las Américas

OCÉANO GLACIAL ÁRTICO

Círculo Polar Ártico

CANADÁ

Ottawa

ESTADOS UNIDOS

Washington

OCÉANO

ATLÁNTICO

Trópico de Cáncer

MÉXICO

Ciudad de México

La Habana

BAHAMAS

Nassau

CUBA

JAMAICA

HAITÍ

REPÚBLICA DOMINICANA

Belmopán

BELICE

Kingston

Pto. Santo Príncipe Domingo

Guatemala

HONDURAS

GUATEMALA

Tegucigalpa

San Salvador

NICARAGUA

EL SALVADOR

Managua

San José

Caracas

COSTA RICA

Panamá

VENEZUELA

PANAMÁ

Georgetown

Bogotá

VENEZUELA

Paramaribo

GUYANA

COLOMBIA

SURINAM

GUAYANA (Francia)

Quito

ECUADOR

Ecuador

BRASIL

OCÉANO

Lima

PERÚ

Brasilia

PACÍFICO

La Paz

BOLIVIA

PARAGUAY

Asunción

CHILE

ARGENTINA

URUGUAY

Santiago

Buenos Aires

Montevideo

Trópico de Capricornio

Islas Malvinas (R.U.)

- Capital de Estado

ESCALA
0   650
Kilómetros

Recuadro (Pequeñas Antillas)

San Juan

Islas Vírgenes (R.U.)

ANTIGUA Y BARBUDA

PUERTO RICO (EE.UU.)

Basseterre

Saint John's

SAINT KITTS Y NEVIS

MONTSERRAT (R.U.)

GUADALUPE (Francia)

DOMINICA

PEQUEÑAS ANTILLAS

Roseau

MARTINICA (Francia)

MAR CARIBE

SANTA LUCÍA

Castries

Kingstown

SAN VICENTE Y GRANADINAS

Bridgetown BARBADOS

Saint George's

GRANADA

Puerto España

TRINIDAD Y TOBAGO

Caracas

VENEZUELA

ESCALA
0   165
Kilómetros

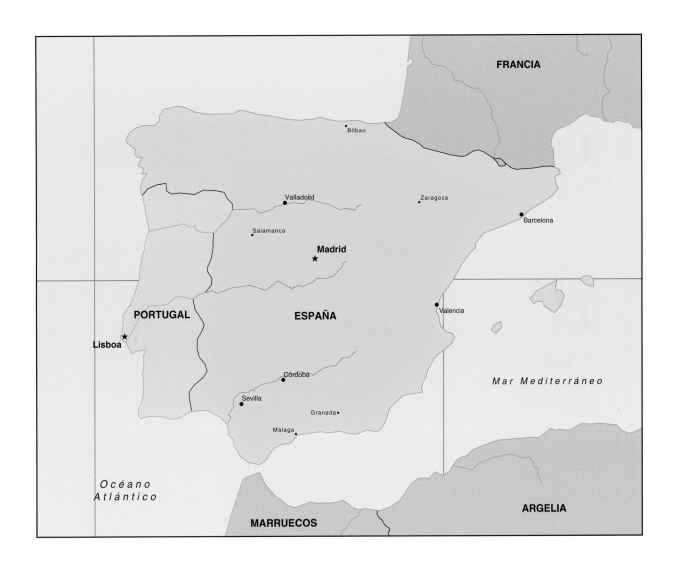

el agua *f.*
water

el arroz
rice

el café
coffee

la carne
meat

la ensalada
salad

los frijoles
beans

las frutas
fruit

la hamburguesa
hamburger

el helado
ice cream

el huevo
egg

el jugo
juice

la leche
milk

el pan
bread

las papas fritas
French fries

el pastel
cake

el pescado
fish

el pollo
chicken

el queso
cheese

el refresco
soft drink

el sándwich
sandwich

la sopa
soup

el tomate
tomato

las verduras
vegetables

el yogur
yogurt

el **cabello** (hair)

el **ojo** (eye)

la **nariz** (nose)

los **dientes** (teeth)

la **boca** (mouth)

el **cuello** (neck)

el **brazo** (arm)

la **mano** (hand)

la **cara** (face)

la **cabeza** (head)

la **oreja** (ear)

el **hombro**
(shoulder)

el **dedo** (finger)

la **rodilla** (knee)

la **pierna** (leg)

el **pie** (foot)

la blusa

blouse

los calcetines

socks

la camisa

shirt

la camiseta

T-shirt

la falda

skirt

los guantes

the globes

los jeans

jeans

el pantalón

pants

el sombrero

hat

el traje de baño

swimsuit

el vestido

dress

los zapatos

shoes

Los números

 **0**
cero

 1
uno

 **2**
dos

 3
tres

 4
cuatro

 **5**
cinco

 **6**
seis

 7
siete

 8
ocho

 9
nueve

10 **diez**

11 **once**

12 **doce**

13 **trece**

14 **catorce**

15 **quince**

16 **dieciséis**

17 **diecisiete**

18 **dieciocho**

19 **diecinueve**

20 **veinte**

21 **veintiuno**

22 **veintidós**

23 **veintitrés**

24 **veinticuatro**

25 **veinticinco**

26 **veintiséis**

27 **veintisiete**

28 **veintiocho**

29 **veintinueve**

30 **treinta**

31 **treinta y uno**

40 **cuarenta**

50 **cincuenta**

60 **sesenta**

70 **setenta**

80 **ochenta**

90 **noventa**

100 **cien**

amarillo
yellow

anaranjado
orange

azul
blue

blanco
white

gris
gray

marrón
brown

morado
purple

negro
black

rojo
red

rosado
pink

verde
green

el conejo

rabbit

la culebra

snake

el gato

cat

la llama

llama

el loro

parrot

el mono

monkey

el pájaro

bird

el perro

dog

el pez

fish

el pingüino

penguin

la tortuga

turtle

la vaca

cow

abril April

agosto August

el(la) arquitecto(a) architect

el béisbol baseball

la bicicleta bicycle

la cafetería cafeteria

el calendario calendar

el carro car

la celebración (pl. las celebraciones) celebration

celebrar to celebrate

las ciencias science (school subject)

el círculo circle

la clase class

el cocodrilo crocodile

la computadora computer

el crayón (pl. los crayones) crayon

curioso(a) curious

declarativo(a) declarative

el delfín (pl. los delfines) dolphin

delicioso(a) delicious

el(la) dentista dentist

diciembre December

difícil difficult

el(la) estudiante student

estudiar to study

exclamativo(a) exclamatory

la familia family

favorito(a) favorite

febrero February

la figura figure

el gimnasio gym

el hámster hamster

el hospital hospital

importante important

el inglés English (school subject)

inteligente intelligent

interrogativo(a) interrogative

junio June

julio July

el laboratorio lab

el mapa map

marzo March

las matemáticas math

mayo May

el(la) **meteorólogo(a)** meteorologist

mexicano(a) Mexican

la **montaña** mountain

mover to move

el **museo** museum

la **música** music

noviembre November

octubre October

la **pirámide** pyramid

la **planta** plant

el **plato** plate

preparar to prepare

la **profesión** (*pl.* las **profesiones**) profession

rápido(a) quick, fast, rapid

septiembre September

el **supermercado** supermarket

el **teléfono** telephone

el **teléfono celular** cell phone

el **televisor** TV

tímido(a) shy, timid

el **tren** train

el **triángulo** triangle

el **tucán** toucan

las **vacaciones** vacation

el(la) **veterinario(a)** vet

The following abbreviations are used: *f.* feminine, *m.* masculine, *pl.* plural

A

la **abuela** grandmother

el **abuelo** grandfather

aburrido(a) boring

ahora now

el **ala** *f.* wing

el **alimento** food

antes before

el **anuncio** advertisement

el **aparato electrónico**
(electronic) appliance

armar to assemble

atender to pay attention

el **autobús**
(*pl.* los **autobuses**) bus

el **avión** (*pl.* los **aviones**)
airplane

ayer yesterday

 B

el **baile** dance

la **bandera** flag

el **baño** bathroom

el **barco** ship, boat

el **barrilete** kite
(Guatemala)

beber to drink

el(la) **bombero(a)** firefighter

bueno(s) good

caliente hot

el **calor** heat

la **calle** street

caluroso(a) warm, hot

caminar to walk

el **camión**
(pl. los **camiones**) truck

cantar to sing

el **cariño** affection

el(la) **cartero(a)** mail carrier

la **casa** house

la **cocina** kitchen

la **cola** tail

el **comedor** dining room

comer to eat

la **comida** food, meal

comprar to buy

el **corazón** (*pl.* los **corazones**) heart

correr to run

el **cuaderno** notebook

el **cuadrado** square

la **cuchara** spoon

el **cuchillo** knife

el **cuerpo** body

cuidar to take care of

cumplir to turn
(*a certain age*)

delicioso(a) delicious

dentro (de) inside

la **derecha** right

desarmar to
disassemble

desatender to neglect

descuidar to neglect

desfilar to march

deshacer to destroy

desobedecer to
disobey

difícilmente with
difficulty

disfrutar to enjoy

divertido(a) fun

el **domingo** Sunday

dónde where

dormir to sleep

el **dormitorio** bedroom

duro(a) hard

enero January

escribir to write

el/(la) **escritor(a)** writer

la **escuela** school

ese, esa that

eso that

el **español** Spanish (*school subject*)

estar to be

este, esta this

esto this, that

fácil easy

fácilmente easily

felizmente happily

fresco(a) cool, chilly

el **frío** cold

fuera (de) outside

grande big, large

gustar to like

hablar to talk

hacer to do, make

la **heladería** ice cream shop

la **hermana** sister

el **hermano** brother

hermoso(a) beautiful

el **hielo** ice

el **horario** schedule

hoy today

el **informe del tiempo** weather report

el **invierno** winter

ir to go

la **izquierda** left

el **jueves** Thursday

jugar to play

el **lago** lake

el **lápiz** (*pl.* los **lápices**) pencil

lavar to wash

leer to read

lentamente slowly

lento(a) slow

el **libro** book

lluvioso rainy

el **lugar** place

el **lunes** Monday

el(la) **maestro(a)** teacher

la **mamá** mom, mother

mañana tomorrow

el **mar** sea

el **martes** Tuesday

marzo March

la **mascota** pet

el(la) **médico(a)** doctor

el **medio de transporte** means of transportation

el **mercado** market

el **miércoles** Wednesday

la **muñequita** little doll

nadar to swim

navegar to sail

nublado cloudy

obedecer to obey

oír to hear

oler to smell

el **otoño** autumn

el **país** country, nation

la **panadería** bakery

el(la) **panadero(a)** baker

el **papá** dad, father

el **pasto** grass

la **pata** leg *(of an animal or object)*

peinar to comb

pequeño(a) small, little

el(la) **periodista** journalist

pintar to paint

la **plaza** (*public*) square

la **pluma** feather

el(la) **policía** police officer

poner to put

la **primavera** spring

quién who

rápidamente quickly

el **regalo** gift, present

la **regla** rule

el **río** river

la **ropa** clothes

el **sábado** Saturday

saber to taste

la **sala** living room

el **salón de clases** classroom

saludable healthy

sano(a) healthy

la **semilla** seed

el **señor** Mr., sir

la **señora** Mrs., ma'am

sentir to feel

ser to be

la **servilleta** napkin

la **siesta** nap

soleado sunny

suave soft

la **tarea** task, chore

el **tenedor** fork

tener to have

la **tienda** store

tocar to touch, play (*a musical instrument*)

tomar to have, take

el(la) **trabajador(a)** worker

trabajar to work

tristemente sadly

el **vaso** glass (*for drinking*)

el(la) **vendedor(a)** vendor, seller

ver to see

el **verano** summer

viajar to travel

el **videojuego** video game

el **viernes** Friday

volar to fly

ir a to go to *(a place)*

por la mañana / tarde in the morning / afternoon

por la noche at night, in the evening

tomar fotos to take pictures

Adiós. Goodbye.

Buenos días. Good morning.

Buenas tardes. Good afternoon.

Buenas noches. Good night.

¿Cómo estás? How are you?

¿Cómo te llamas? What's your name?

    Yo me llamo (Tom / Jill). My name is (Tom / Jill).

¿Dónde está? Where is he / she / it?

¿Dónde están? Where are they?

Hasta luego. See you later.

Hola. Hello. Hi.

Me gusta (comer)… I like (to eat)…

Mucho gusto. Pleased (nice) to meet you.

Nos vemos. I'll see you.

¿Qué comen (los pájaros)? What do (birds) eat?

¿Qué es eso? What's that?

    Eso es (un televisor). That's (a TV).

¿Qué tal? How are you?

¿Qué tiempo hace? What's the weather like?

    Hace calor / frío. It's hot / cold.

Se oye. It can be heard. / **Se ve.** It can be seen.